個人情報保護・管理の基本と書式 第2版

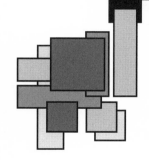

長谷川俊明［編著］

前田智弥［著］

中央経済社

第２版はしがき

本書を初めて世に送り出してから早くも２年近くが経とうとしている。この間，2020年６月には，改正個人情報保護法が成立し，2022年４月から施行になる。

この法改正は，いわゆる「データの世紀」に対応するためになされたといってよい。ITの発達により，事業者は個人情報をデジタルデータ化し，大量に蓄積・分析し利活用できる。その結果，個人情報が知らないところで思いがけない方法で利用され本人に不利益を与えるおそれが増大したのである。

個人情報保護と個人データの利活用促進をどう両立させバランスするかが，今回の法改正の最大の狙い，といいかえてもよい。改正法の文言を読んだだけで答えを見い出すのは難しいが，事業者による対応のヒントを与えてくれるのは，個人情報保護委員会が2021年８月２日に公表した改正ガイドラインである。

同ガイドラインの概要とポイント解説については，本書の該当箇所（50頁他）を読んでもらうのがよい。ただ，いま日本がかかえる最大の課題についてだけ，事態が流動的でもあるので，ここで述べておくことにする。それは，新型コロナウイルス感染拡大防止と個人データの利活用問題である。

新型コロナウイルスの感染拡大を，現時点までで，比較的うまく封じ込めているのは中国や韓国などである。これらの国々では国家がスマートフォンの機能やアプリを通じ，感染者の移動履歴やサービス購買履歴といった情報を収集して感染経路を特定する一方で人々の動きや密集状況を把握し，都市封鎖や行動制限措置の速やかな発動に利用する。

すでに中国は，インターネットを駆使して人々の購買などの行動を国家が監視する，「高度な個人データ利用国家」になったとの指摘がある。これらの情報をもとに個人の信用力を「信用スコア」として算出して統治上も利用しているという。

日本や欧米の民主主義国では，スマホで収集する個人データを通じた行動履歴や「濃厚接触者」の特定に慎重である。厚生労働省の感染対策アプリ「COCOA」は，GPS（全地球測位システム）の位置情報を直接収集してはいない。とくにアメリカは，基本的に個人情報保護法に重きを置くあまり企業が担う経済活動再生を妨げてはならないとの考えが根強かった。

EU（欧州連合）は，GDPR（一般データ保護規則）の下，感染症対策を個人情報・データ保護に優先させるべきではないとの考え方を守ってきた。この考え方は，データの収集と利活用によるデータエコノミー政策の推進に傾きがちなアメリカにも影響を与えている。

日本の改正法・ガイドラインは，EU・GDPRにも沿ったコロナ禍対処方針を，直接的な言及こそないが，基本的に追認している。

本書の特長は，法令やガイドラインの解説だけでなく，それらが要求する各種「書式」参考例を具体的に示している点にある。「第２版」においては，この特長をより生かすように心がけた。改正法・ガイドラインが，事業者の作成すべき「ポリシー」，「利用目的などの開示書面」，本人から取りつけるべき「同意書面」などの内容の充実を求めているからである。

今回，最も重要な改正は，クッキーを「個人情報」に準じて管理するべきとした点にある。クッキーは，社員になりすまし，企業のシステムに“侵入”するために悪用される。サイバー攻撃で個人データや機密データを取られ“身代金（ランサム）”を要求されないためにもクッキーの適切な管理が欠かせなくなった。

個人データの事業者による利用に関しては，利用目的とデータ処理の方法を本人が予測できる程度に特定しなければならなくなった。その内容をガイドラインは事例を使って具体的に示している点が重要である。

今回の第２版は，上記の法改正とガイドラインの改訂を契機に，私と前田智弥弁護士が担当して行ったが，中央経済社の露本敦氏には初版のときと同様，大変お世話になった。ここに記して感謝申し上げる。

令和３年10月

長谷川　俊明

はしがき

日本で個人情報保護法（個人情報の保護に関する法律）が制定されたのは，2003年であり，2005年４月から全面施行になった。

この法律は，制定当初から広く社会の関心を集めた。個人情報を一切持たない人はおよそ考えられない。加えて，個人情報の事業者による扱いや管理に懸念を抱いたことがない人はほぼ皆無だからである。

そうした事情に大きな変化があったわけではないが，同法は施行から10年後の2015年に改正された。デジタル化した個人データが，なかにはビッグデータとなってさかんに取引されるようになったことが大きい。

シリーズ前著『データ取引契約の基本と書式』では，「データの大流通時代」が到来したと書いた。個人データも，インターネットを通じ，国境を越えクロスボーダーで流通している。その結果，個人データが大量にネット流出するリスクも一気に増大した。

現に大手IT企業の情報管理体制の不備がもとで大量の個人情報漏えい事故が何件も起こっている。その被害は，個々人に降りかからざるをえない。

この事態にいち早く立法的に対応したのがEU（欧州連合）であり，2018年５月25日から，GDPR（一般データ保護規則）の適用を始めた。

世界で最も厳しいとされるGDPRをどこまで遵守できるかが日本企業にも問われている。違反した場合の制裁金が大きいだけでなく，GDPRはEU域内に子会社など拠点をもたない企業にも「域外適用」され得るからである。

2019年１月，日本は個人データの安全管理につき，EUから「十分性認定」を受けることができた。以後は，より自由に個人データを「域外移転」できるようになった。ただ，「十分性認定」はいわば仮免許のようなもので，日本は，運用を含めてGDPR並みに個人情報保護法制をひき続き整備することを義務づけられている。そのため，日本では，2020年に予定される個人情報保護法のさらなる改正に向けた準備に余念がない。その動向は，本書38頁以下を参照してもらいたい。

いまは，個人データを含む「データの世紀」であり，データを制するものが経済社会の覇権を握るとさえいわれる。日本，欧州，米国，中国が四つ巴えで政治的思惑もからめて競っており，一方では，大手プラットフォーマーによるデータ「独占」の弊害も見逃せないレベルに達した。

この個人データをめぐる大きなうねりの中で置き去られがちなのが，主権者である個々人の立場や権利である。GDPRは，この点に光を当て，データ主体の忘れられる権利などにつき明文規定を置いている。

今後，世界のIT先進国・地域における個人情報保護は，GDPRを軸に法的ルールの制定，改廃が行われていくであろう。

本書校正中に，フランスのデータ保護機関（CNIL）の委員長による新聞のインタビュー記事に接した。それによると，「GDPRは成功している。とくに一人ひとりの『データ主体』の意識が高まっている」という（2019年７月15日，日本経済新聞）。GDPRの施行は，EU以外のアメリカや日本の個人情報保護に向けた規制強化をもたらし，私たち個人の意識まで変えようとしている。

本書は，「基本と書式シリーズ」の第４弾である。前３著は，それぞれ「業務委託契約」，「ライセンス契約」，「データ取引契約」の書式すなわち契約書を集め注釈を加えたところに特長があった。

シリーズ各冊の特長を本書は引き継いでいる。個人情報保護のため，契約書以外に「安全管理体制」の構築，運用のためには，GDPRの影響もあってポリシー，規程，規約などの書式がとくに重要である。そこで，それらの書式も多く収めることにした。

本書は，前３著と同様，編著者の事務所に所属する弁護士との共同執筆にかかる。ただ，今回は，既に独立し現在は非常勤で事務所の実務に携わっている江川淳弁護士に執筆陣に加わってもらうことにした。

シリーズの４冊を通し，中央経済社編集部の露本敦氏には，企画から校正までの全段階において貴重なアドバイス，示唆をいただいた。本書が，シリーズの他３冊と共に，広く実務界で愛読してもらえるならば望外の幸せである。

令和元年８月

長谷川　俊明

目　次

第2部　書式の文例と機能

第3部　ポリシー，規程類，同意書などのひな型集

序章　個人情報保護についてのパラダイムシフト

◆ 個人情報保護法は何を保護する法律か

個人情報保護法と聞いて，どのような法律を思い浮かべるであろうか。多くの人は，個人のプライバシー情報を保護するための法律をイメージするかもしれない。

「個人の権利利益を保護すること」は，たしかに，日本の個人情報保護法（個人情報の保護に関する法律（以下，「法」とも略す））1条に，同法の目的として掲げられている。

ただ，この法律は，いわば究極の目的を達成するために，個人情報を取り扱う事業者の義務を定め，事業者を規制するための諸規定を中心にした法律ということができる。

そのためか，個人情報保護法について書いた本を見ると，もっぱら事業者に対する規制の内容を，事業者によるリスク管理，危機管理の視点で解説するものが多かったように思う。

そこで，本書では，個人情報・データの権利主体・本人からの視点でもって個人情報保護法を捉え直してみることにした。

そうした視点から改めて見直すと，この法分野にいま，いわばひとつのパラダイムシフトが起こりつつあることがわかる。この変化にきっかけを与えたのが，後述するEU・GDPR（一般データ保護規則）である。GDPRは，「データ主体（data subject）」による権利行使を中心に規定が組み立てられているところに一大特色があるからである。

◆「データ主体」の権利行使をどこまで確保できるか

日本でも個人情報を保護する法律（「個人情報保護法」）を制定し，2005年4月から施行している。同法は，必要に応じて3年ごとに見直すことになっている。とくに個人データの安全管理措置に関するEUによる「十分性認定」を意識して，2015年９月には，マイナンバー法の改正を含む個人情報保護法の改正を行った。

同改正もあって，2019年１月にはEUから「十分性認定」を受けたが，EU・GDPRと日本の個人情報保護法令との間には，いくつかの点でまだ隔たりが残っている。

最大の論点は，個人「本人」のもつ「忘れられる権利」をどう確保するかである。GDPRは，個人情報につき権利を行使できる本人を「データ主体」と呼んでいるが，日本の個人情報保護法が，「個人情報によって識別される特定の個人をいう」（法２条８項）として「本人」を定義するのに対応する。

両者の定義内容には，「視点の違い」のようなものがある。それは，GDPRが，大量の個人データがクロスボーダーで流通するデータ取引社会における“主権”が個人に存することを明確にする視点に立つからである。

GDPRが諸外国の個人情報保護法とも違うのは，この点である。ここで，個人データは，デジタル化した個人情報の集合体を指すと考えてよいが，個々の個人情報を集めた“ビッグデータ”が，「本人」の知らないところで売られたりしている。

ネット通販など日本国内で消費者向けサイトを運営する主要100社を対象としたあるアンケート調査によると，その５割が具体的な提供先を明示せずに外部とユーザーの利用データを共有していた。クッキーと呼ばれる閲覧履歴データや端末情報のやり取りが多く，使い方次第で氏名や住所，収入なども特定されかねないらしい。

いまのところ日本ではクッキーは「個人情報」に当たらないとされているが，利用者の意に反して個人情報が拡散するおそれがある。そのため，GDPRは，クッキーも個人情報とし，収集や外部提供に「明確な説明」を義務づけている。

このようにデータ取引社会において個人をいわば主権者と位置づけ，個人データのポータビリティ権などその権利を明記したのがGDPRである。忘れられる権利もそのうちのひとつであって，各個人が，ネット上などの自分の全データを消去するよう事業者に要求できる。

日本法にも忘れられる権利がまったくなかったわけではない。事業者に個人データを開示させ，利用停止や消去を求める権利を本人に保障しているからである。とはいえ，同権利の行使は，データの内容が間違っている場合や不正取得，目的外利用の場合などに限られる。

2020年６月，「個人情報の保護に関する法律等の一部を改正する法律」が成立し，同改正法は，2022年４月１日から施行される。

改正により，個人の利用停止・消去請求権について，不正取得等の一部の法違反の場合に加え，個人の権利または正当な利益が害されるおそれがある場合にも，利用停止・消去または第三者への提供停止を請求することができるようになった（本改正の概要については，48頁以下参照）。

◆ 個人データの“権利者”はだれか

私たち個人のデータが，知らぬ間に集められ，大量にまとめられて取引されている。個人データに限らず，モノをインターネットにつなげるIoTやAI（人工知能）を駆使して，膨大なデータを，国境を越えさかんに収集，分析・処理，移転するデータ社会が到来したのである。

2018年５月25日，グローバルなデータ社会において守るべきルールを定めたEUのGDPR（一般データ保護規則）の適用が始まった。その直後の同年６月15日には経済産業省が「AI・データの利用に関する契約ガイドライン」を公表した。

なお，2019年12月９日，経済産業省は，2018年の不正競争防止法改正により「限定提供データ」の不正取得や使用等に関する民事措置が創設されたことなどに伴い，「AI・データの利用に関する契約ガイドライン 1.1版」にアップデートした。

データを譲渡や利用許諾（ライセンス）する契約のための法的インフラ整備は，2018年の半ば頃から急速に進展してきた。

ただ，データを譲渡したりライセンスしたりするといっても，ここでいうデータはデジタル化した膨大な情報の集積物であって，これに対する所有権や知的財産権は想定しにくいとの特徴をもつ。そこで登場したのが「データ・オーナーシップ」の考え方である。

上記の経済産業省・ガイドライン「データ編」は，「データ・オーナーシップ」につき，次のように述べている（注．は省略した）。

データ契約の議論に際して，「データ・オーナーシップ」という言葉が用いられることがある。これには現在のところ法的な定義がなく，必ずしも「データに対する所有権を観念できる」という意味で用いられているわけではない。むしろ，データが知的財産権等により直接保護されるような場合は別として，一般には，データに適法にアクセスし，その利用をコントロールできる事実上の地位，または契約によってデータの利用権限を取り決めた場合にはそのような債権的な地位を指して，「データ・オーナーシップ」と呼称することが多いものと考えられる。

データのなかでも個人データの場合，各情報のオーナーシップは，EU・GDPRが「データ主体」（data subject）と呼ぶ個人本人がもつべきである。しかし，ビッグデータの譲渡やライセンスにつき，あくまで個人の処分権をもとに考えるのは，何億人もの個人が関わるような事態もあって現実的ではない。

そこでガイドラインは，日本の現行法ではデータに所有権その他の物権的な排他的権利を認めることは難しいものの，契約実務上，あるデータにつき一方の当事者にデータの利用権限を主張できる債権的な地位を有するようにしたらどうか，と提言している。

債権的な地位は，ここでは契約に基づき生ずる法的な権利・義務を内容とする地位を指すので，物権的な権利が，第三者に対しても返還請求や明渡請求ができるのとは異なる。

データ・オーナーシップは，「データの利用権限を主張することができる債権的な地位」であるから，契約当事者間で利用権限の内容を自由に決められる半面，これを第三者に主張することができない。

加えて個人データ取引の場合，データのいわば真のオーナーである個人が，GDPRの認める個人データのポータビリティ権（引き出し権）や削除要求権（忘れられる権利）を行使できるため，その制約にも服さなくてはならないので，利害調整が欠かせない。

最も問題になるのが，「データ主体」が個人データの大量流通社会の主権者として行使する各種の権利とどう調整するかである。具体的には，EUのGDPRが「データ主体」を認める「忘れられる権利」などの自己情報コントロール権の行使をどう確保するかが問われている。

◆「データ主体」の権利行使にどう応え個人情報の保護・管理を行うべきか

2019年4月に入り，個人情報保護委員会が，企業に対し個人が自己データの利用停止を要求できるようにする法改正を検討していると報じられた。

2020年6月に成立した「個人情報の保護に関する法律等の一部を改正する法律」（2022年4月1日施行）においても，この点は盛り込まれた。すなわち，改正により，個人の利用停止・消去請求権について，個人の権利または正当な利益が害されるおそれがある場合にも，利用停止・消去または第三者への提供停止を請求できるようになった（本改正およびこれを受けて改訂された「個人情報の保護に関する法律についてのガイドライン（通則編）」の概要については，48頁以下参照）。

同改正前の個人情報保護法では，企業が個人データを不正に取得した，あるいは本来の利用目的以外に使った場合に「本人」が「保有個人データ」の利用停止・消去を請求できるとしているのみである（法30条1項）。

なぜこうした「本人」の権利行使を拡張する改正をするかといえば，企業が個人情報を分析しネットサービスや広告，金融などに使う動きが加速しているからである。加えて，企業による個人データの濫用や不適切な安全管理による流出事例が目立つようになったことも要因として挙げられる。

2018年５月25日から適用が始まったEUのGDPR（一般データ保護規則）が認める「データ主体」の諸権利は，利用停止権や「忘れられる権利」など，当時の個人情報保護法にはない，あるいはあっても行使範囲がはるかに広いものを含んでいる。

いわばGDPRとのギャップを埋めるための法改正がさらに行われようとしている。改正の方向性は，「データ主体」の権利保護の拡充でほぼ定まっている。

企業としては，日頃から，「データ主体」＝「本人」の権利行使を想定し，対応できるだけの各種規定づくりを含む「安全管理体制」を構築しなくてはならない。

本書は，そのための社内規定・規約および契約書式のつくり方を解説している。

◆ GDPRとのギャップを埋めるための「補完的ルール」

2019年１月23日，欧州委員会は日本に対する「十分性認定」を発効させた。これに伴い，日本の個人情報保護委員会が公表した「個人情報の保護に関する法律に係るEU域内から十分性認定により移転を受けた個人データの取扱いに関する補完的ルール」も施行になった。

「十分性認定」は，欧州委員会がGDPR（一般データ保護規則）のもとで，国や地域につき，個人データの十分な保護水準を確保していると認める決定を指す。

GDPRは，EU加盟各国の市民，法人に直接適用されるデータ保護の法的ルールである。EU域内に日本企業がもつ現地法人・子会社はもちろんのこと，そうした拠点をもたない日本企業に対しても域外適用があり得るので注意を要する。

◆「十分性認定」の発効と同時に施行になった「補完的ルール」の意義

補完的ルールは，個人情報保護委員会が，日本とEUの制度間ギャップに対処するため，法令の改正を伴わない形での解決策として策定したものとされる。

補完的ルールそのものは，2018年９月に公表されたが，2019年１月23日，十分性認定が得られると同時に施行になった。

委員会は，補完的ルールが法的拘束力をもつものであり，これに基づく権利，義務は，法令の規定と同じように委員会の執行対象になるとしている。そのため，委員会は補完的ルールにつき，「EU域内から十分性認定により移転を受けた個人データの取扱いに関して，個人情報保護に関する法令及びガイドラインに加えて，最低限遵守すべき規律を示すもの」と説明した。

その後，補完的ルールは，2019年４月に個人情報保護委員会が公表した「個人情報保護法　いわゆる３年ごと見直しに係る検討の中間整理」を経て，2020年６月に成立した改正個人情報保護法にほぼ盛り込まれた（本改正および改正ガイドライン通則の概要については51頁以下参照）。

補完的ルールの内容は，タイトルだけを示すと以下の「５項目」であった。

⑴　要配慮個人情報（法２条３項関係）

⑵　保有個人データ（法２条７項関係）

⑶　利用目的の特定，利用目的による制限（法15条１項，法26条１項・３項関係）

⑷　外国にある第三者への提供の制限（法24条，規則11条の２関係）

⑸　匿名加工情報（法２条９項，法36条１項・２項関係）

◆ 補完的ルールの各内容項目の解説

⑴ 「要配慮個人情報」の範囲

GDPRは，性生活，性的指向または労働組合に関する情報は，特別な個人データとして一般の個人データよりも厳格なルールを定めている。

他方，個人情報保護法は，これらの情報を，「要配慮個人情報」（法

２条３項）には入れず，一般的な個人情報と同様の規律をしている。

そこで，補完的ルールは，こうした差異に対処するため，性生活，性的指向または労働組合に関する情報が含まれる場合には，当該情報について「要配慮個人情報」と同様に取り扱うこととしている（補完的ルール４頁）。

日本企業がEU域内から十分性認定により移転を受けた個人データを取り扱う場合には，同情報を「要配慮個人情報」と同様に取り扱わなければならない。その取得には個人情報保護法のもとで原則として本人の同意が求められ（法17条２項），オプトアウトによる第三者提供が禁じられる（法23条２項）。

⑵ 保有個人データの扱い

GDPRは，本人によるアクセス権（15条），訂正権（16条），削除権（17条），取扱い制限の権利（18条）などを，個人データの保有期間にかかわらず認めている。

個人情報保護法の場合，本人による利用目的の通知の求め（法27条２項），ならびに開示（法28条１項），訂正（法29条１項），利用停止（法30条１項）および第三者提供の停止（法30条３項）の請求は，個人データを６カ月以内に消去するときは，行使ができない（法２条７項，規則５条）。

補完的ルールでは，EU域内から十分性認定に基づき提供を受けた個人データについては，消去する期間にかかわらず，「保有個人データ」として取り扱うこととするとしている（補完的ルール５頁）。

日本企業は，EU域内から十分性認定により移転を受けた個人データを取り扱う際は，消去する期間にかかわらず，当該個人データに対する本人による利用目的の通知の求め，ならびに開示，訂正，利用停止および第三者提供の停止の請求に原則として対応しなければならない。

⑶ 利用目的の特定，利用目的による制限

GDPRは，第三者から提供を受けた個人データの利用目的は，取得

時に特定された利用目的と整合する範囲内に制限する（５条１項(b)，６条４項）。

個人情報保護法は，提供先が，改めて個人情報の利用目的を特定でき（法15条１項），提供元において特定された範囲内で改めて利用目的を特定しなければならないとしていない。

補完的ルールは，EU域内から十分性認定に基づき個人データの提供を受ける際に，提供元において特定された利用目的を「取得の経緯」として確認し，記録することとし（法26条１項・３項），当該個人データを当初またはその後提供を受ける際に特定された利用目的の範囲内で当該個人データを利用すること（法15条１項，16条１項）としている（補完的ルール６－７頁）。

日本企業は，EU域内から十分性認定により移転を受けた個人データを取り扱う場合には，当初またはその後提供を受ける際に特定された利用目的を提供元に確認・記録したうえで，その範囲内で利用目的を特定し，その範囲内で当該個人データを取り扱わなければならない。

(4) 在外国の第三者への提供制限

GDPRは，個人データの第三国移転について，厳格なルールを定めている。すなわち，移転に想定されるリスクにつき情報提供をして同意を得なければならず（49条１項(a)），個人データの移転先が国際的な枠組みによる認定を受けていることを第三国移転のルールの例外として位置づけない。

個人情報保護法では，同意を得る際にどのような情報を提供しなければならないかについて明確に定めず，また，個人データの移転先が国際的な枠組みによる認定を受けていれば，外国にある第三者への提供のルールは適用されない（法24条，規則11条の２第２号）。

補完的ルールは，EU域内から十分性認定に基づき提供を受けた個人データを外国にある第三者に提供する場合，本人が同意に係る判断を行うために必要な移転先の状況についての情報を提供したうえで同意を得なければならないと定め，また，移転先が国際的な枠組みによる認定を受けていることを例外から除外することを定める（補完的ルール８頁）。

日本企業は，EU域内から十分性認定に基づき提供を受けた個人データを外国にある第三者に提供するには，個人情報保護法24条のもとで，次の①から③までのいずれかに該当する場合を除き，本人が同意に係る判断を行うために必要な移転先の状況についての情報を提供したうえで，外国の第三者への個人データの提供を求める旨の本人の事前同意を得る必要がある。

① 当該第三者が，個人の権利利益の保護に関して，わが国と同等の水準にあると認められる個人情報保護制度を有している国として規則で定める国にある場合
② 個人情報取扱事業者と個人データの提供を受ける第三者との間で，当該第三者による個人データの取扱いについて，適切かつ合理的な方法（契約，その他の形式の拘束力のある取決めまたは企業グループにおける拘束力のある取扱い）により，補完的ルールを含め同法と同等水準の個人情報の保護に関する措置を連携して実施している場合
③ 〔個人情報保護〕法23条１項各号に該当する場合

(5) 匿名加工情報の扱い

GDPRは，「匿名加工情報」を規制の対象としていないが，加工方法等情報が残っている場合には，再識別の可能性があるとして，「匿名加工情報」に該当しないと見られる。

個人情報保護法は，「匿名加工情報」に該当する場合，加工方法等情報が残っていても，「個人情報」に関する規制の対象にならないとする。

補完的ルールは，EU域内から十分性認定に基づき提供を受けた個人データから「匿名加工情報」を作成する場合には，加工方法等情報を削除することにより，匿名化された個人を再識別することを何人にとっても不可能とした場合に限り，「匿名加工情報」とみなすとしている（補完的ルール10頁）。

日本企業は，EU域内から十分性認定に基づき提供を受けた個人データから「匿名加工情報」を作成する場合には，加工方法等情報の削除により匿名化された個人の再識別を不可能としなくてはならない。

補完的ルールの対象となる場合には，仮IDを付与する形で匿名加工情報を作成し，異なるデータセット間における同一人物のデータを紐づけて時系列分析などを行うことは難しいと見られる。

以上をまとめるならば，十分性認定がなされたからといって，日本企業としていわば油断は禁物である。なぜなら，補完的ルールを遵守しなければならない場合があるし，日本企業のEU域内所在の子会社が同域内で個人データを移転する場合には，従来どおりGDPRが適用されるからである。

第1部

個人情報保護の基礎知識

1 個人情報の保護はなぜ必要か

◆ 個人情報を保護することの意味

訪れたことも何か購入したわけでもない小売店から，ある日突然商品カタログのDM（ダイレクトメール）が送られてきたりする。ほとんどの人が経験するが，そのつど，なぜ自分の住所や連絡先が相手に知られたのか疑問に感じることが多いのではなかろうか。

私たちの氏名，住所，年齢，性別，職業，趣味などの「個人情報」を何らかの方法で入手したからDMを送付できたにちがいない。それにしてもどうやって入手できたのか……と。

ひと昔前では，「名簿屋」と呼ばれる業者がいて，業者間で個人情報が売買されていた。いまは法律などでかなり規制されるようになり，この方法は廃れかかっている。かわってさかんになったのは，デジタル化した大量の個人データの「取引」である。

すでにデジタルデータの大規模な事故がいくつも起こっている。デジタル化した個人データ流出は何千万件，何億件分が一瞬のうちに世界中に拡散され得るところに怖さがある。

いまや，個人情報が盗み見られるとか職場から漏えいするといった古典的な事故よりは，デジタル化した大量の個人データのネット流出事故をどう防止するかが最大の課題となった。

デジタル化した個人データがインターネットを通じて流出すると，瞬時に何億件もの個人情報が世界中にばらまかれ得るからである。

◆ 個人情報が流出するとどんな弊害があるか

いつの間にか個人情報が覚えのない業者の手にわたってDMに使われ，受け取った本人は何となく薄気味悪く不快に感じたりする。個人情報流出の弊害には違いないが，じつはこれよりもっと深刻な弊害をもたらすのが犯罪行為での悪用である。

典型例がいわゆる「振り込め詐欺」の場合である。かつては「オレオレ詐欺」と呼んでいた。息子や孫を名乗り，「自動車事故を起こしてしまったので金を振り込んでくれ」といわれすぐ信じてしまう親や祖父母は，さすがに少なくなった。

そのため，次第に騙しの手口は巧妙になってきている。最も悪質なのが，子供の個人情報を使って親を騙すやり方であろう。どの親も，わが子が交通事故に遭ったとの連絡を受ければ，気が動転してしまう。

「○○小学校に通っている８歳のお子さんが学校前の交差点で事故に遭い急ぎ△△万円が必要なので……」と電話で告げられ，何かおかしいと疑いつつも，電話の主が警察官や弁護士を名乗ったりすると，動転しているのでつい信じてしまうものである。

問題は，「○○小学校に通っている８歳の子供」の情報がどうして漏れたかである。

個人情報の“流通市場”らしきものが事実上存在していたことから，子供の個人情報は最も高い値で取引されてきたという。学校などにしか知られていない子供の情報を悪用して親から金を騙し取ろうとする，まことに卑劣な犯行の手口に使えるからである。

犯罪行為には刑罰を科して再発を予防する効果をねらうが，他方で，犯行を元から絶つ予防策により力を注いでいかなくてはならない。「振り込め詐欺」の有力な手口となる子供の個人情報の不正取得を制限するのが最善の予防策になる。

「振り込め詐欺」にも新たな手口が次々と生まれている。2016年１月以降利用が始まったマイナンバーを使う手口は，まだ深刻な被害は発生していないようだが，その一例といってよいであろう。

マイナンバーは，日本国内に居住するすべての個人と所在する法人に付与されている。法令が，企業などにマイナンバーの厳しい情報管理を義務づけているために大きな流出事故は起きていない。

それだけに，漏れていないはずのマイナンバーが，税務署を名乗る者から告げられたりすると，税の還付が本当に受けられると信じ込み，「還付金詐欺」にひっかかってしまうことはあり得る。

ちなみに，58頁以下に詳述するとおり，マイナンバー法（正式には，「行政手続における特定の個人を識別するための番号の利用等に関する法律」）が，マイナンバーを「特定個人情報」と定義している。ふつうの個人情報よりも厳しい流出防止体制を求め，特定個人情報は，流出させただけで慰謝料支払義務を生じさせる。

人はだれでも，他人には知られたくない情報をもっているものである。それが何らかの原因で多くの他人の知るところになったとすればどうであろうか。それがもとで振り込め詐欺に遭うなどの直接的な被害はなかったとしても，本人は"いやな思い"をするに違いない。

なかには，就職活動や縁談にまで悪影響が及ぶかもしれないと，漠然とした不安を抱く人がいてもおかしくない。そのため，個人情報は，なかでも個人情報保護法のいう「要配慮個人情報」の場合，流出させただけで慰謝料を本人に支払わなければならなくなる。

なお，「要配慮個人情報」とは，「本人の人種，信条，社会的身分，病歴，犯罪の経歴，犯罪により害を被った事実その他本人に対する不当な差別，偏見その他の不利益が生じないようにその取扱いに特に配慮を要するものとして政令で定める記述等が含まれる個人情報」をいう（法２条３項）。

過去に個人情報の流出事件を起こし，多くの「本人」から損害賠償を求めた裁判例には，「慰謝料として〇〇万円」の支払義務を認めるとした判決が目につく。賠償すべき損害は，財産的損害と精神的損害に分けることができるが，精神的損害の賠償のことを慰謝料と呼んでいる。一般には，賠償として支払われる金銭そのものを指してこういうこともある。不法行為については，民法が明文で，精神的損害を賠償しなければならないとする（民法710条）。契約違反など債務不履行の場合にも慰謝料の賠償義務ありとするのが判例である。

個人顧客のクレジットカード番号などを大量に流出させてしまった企業が，１人当たり500円の商品券を配ったといった先例がいくつかある。慰謝料額として500円が適当であったかどうかは，流出させた個人情報の内容によるので何とも判断が難しい。

とはいえ，企業の側に立つと，たとえ１件が500円でも１億人分だとすれば，それだけで500億円の賠償義務を負ってしまう。

ここに要配慮個人情報が含まれると，１件当たり数万円の賠償義務を認めた裁判例もあり，賠償金額はさらにふくれ上がる。

業種によっては，個人データの流出事故は，企業経営の根幹を揺るがしかねないリスクをもたらす。

◆ 個人情報の流出事故を防止するにはどうしたらよいか

個人情報を流出させるなどの事故は，個人に対する被害はもちろん企業や社会全体にも大きな被害をもたらすことがわかった。

問題は，こうした個人情報に関する事故をどうしたら防止できるかである。たんに事故防止を呼びかけたりするだけでは，あまり有効打になり得ない。法令で事故を起こした者に重い罰則を科すことにしても効果はさほど期待できそうにない。

最も有効なのは，事故を防止するための体制構築をコンプライアンスルールで個人情報を扱う事業者に求めることである。コンプライアンスルールは，ハードローとしての法令だけでなく，いわゆるソフトローである業界自主規制ルールなどを広く含む。

いってみればハードローとソフトローを総動員させて「個人データ管理内部統制」を構築するのが，いま必要とされる最も有効な事故予防策であり，その内容としてさまざまな文書づくり，情報開示が必要とされるのである。

◆「個人データ管理内部統制」の中身は何か

「個人データ管理内部統制」は，著者の造語である。めざすところは，文字どおり，個人データを事故なく安全に管理するための内部統制システム整備である。

この各論的な内部統制システムの内容に入る前になぜ「個人デー

タ」の管理であって「個人情報」の管理ではないのかを説明しておこう。ここでは両者の関係を正確に理解する必要がある。

個人情報保護法は，「個人データ」を，「個人情報データベース等を構成する個人情報をいう」と定義している（法2条6項)。「個人情報データベース等」は，「個人情報を含む情報の集合物であって，次に掲げるもの」をいうと定義している（法2条4項)。

すなわち，①特定の個人情報をコンピュータを用いて検索できるように体系的に構成したところの個人情報を含む情報の集合物，および，②その他，特定の個人情報を容易に検索できるように，目次，索引，符号などを付し体系的に構成したものである。

デジタル化されたデータのインターネットを通じた大量流出から個々人の利益をどう守ればよいかが，最大の課題である。

そのため，「個人データ」の安全管理措置，内部統制を論じるときは，もっぱら上記①のコンピュータによって「体系的に構成した」個人情報の集合物を対象にすることになる。

2 個人情報とプライバシー保護の歴史

◆ 個人情報保護とプライバシー保護の関係

日本の個人情報保護法（個人情報の保護に関する法律）は，名称のとおり，「個人情報」の保護を目的とする法律である。

ただ，一方で「プライバシー権」が，基本的人権のひとつとして，憲法（13条）のもとで保障されている。いずれも法律で保護されるのであるが，個人情報とプライバシーはどういった関係にあるのだろうか。

答えからいうと，保護すべき対象としての個人情報は，プライバシー情報より広い。

個人情報保護法は「個人情報の有用性に配慮しつつ，個人の権利利益を保護」することを目的とするが（法１条），ここにいう「権利利益」の中核に位置するのが，プライバシー権だからである。

プライバシー権は，人が他人に知られたくないセンシティブな情報を保護の対象とする。したがって，氏名・住所などのようにセンシティブとはいえない情報を含む個人情報に対する規制より適用範囲が狭いことが多い。

個人情報保護法が最終目的のひとつとしてプライバシー権に言及していると見られることからしても，個人情報保護を理解するうえでは，プライバシー権についての理解が欠かせない。

◆ プライバシー権の歴史と裁判例

プライバシー権の概念は，もとを辿ると，19世紀後半に入ってアメリカで提唱された。日本においても，個人情報保護法が制定・施行される前から，裁判例において，プライバシー侵害が不法行為（民法

709条）に該当すると解釈することで保護の対象としてきた。

過去の裁判例で，初めて「プライバシーの権利」という言葉を用いたのは，大阪証券取引所労組安保阻止デモ事件控訴審判決（大阪高裁昭和39年５月30日判決）とされている。

また，実質的にもプライバシー権を初めて権利として認め，有名となったのが，「宴のあと」事件（東京地裁昭和39年９月28日判決）である。三島由紀夫が執筆した小説『宴のあと』のなかで，モデルとされた人物が，プライバシー権を侵害されたとして謝罪広告と損害賠償を求めて提起した訴訟で，判決は，「私事をみだりに公開されないという保障」は「法的救済が与えられるまでに高められた人格的な利益であると考えるのが正当」と判断した。

この事件は「プライバシー権」という言葉こそ使用しなかったが，「私事をみだりに公開されない」権利を人権として認めた裁判例として画期的であった。

その後の裁判例としては，実存する人物をモデルとして製作された「エロス+虐殺」事件（東京高裁昭和45年４月13日決定），承諾なく人の容貌を撮影した「京都府学連」事件（最高裁昭和44年12月24日判決），市区町村長が弁護士会長からの前科の照会に応じた事件（最高裁昭和56年４月１日判決），刑事事件の被告人の実名を使用してノンフィクションを執筆した「ノンフィクション『逆転』」事件（東京高裁平成元年９月５日判決），実在の人物をモデルとして執筆された小説について出版を差し止めた「石に泳ぐ魚」事件（最高裁平成14年９月24日判決），通信教育事業者大手における個人データの大量流出について本人が事業者の責任を追及した事件（最高裁平成29年10月23日判決）などがある。

いずれも「プライバシー権」を人権として保障することを認めている。

ただ，「宴のあと」事件判決以降，裁判所が人権として認めた「プライバシー権」の対象となる情報は，個人情報保護法が保護の対象にする「個人情報」の一部にすぎない。たとえば同事件では，①私生活上の事実または事実らしく受けとられるおそれのある事柄，②一般人の感受性を基準にして当該私人の立場に立った場合，公開を欲しないであろうと認められる事柄，または③一般の人々に未だ知られていない事柄であることを要する，としており，主に機微（センシティブ）情報を想定していたからである。

◆「プライバシー権」から「自己情報コントロール権」への変化

上記の裁判例において，プライバシー権は，「ひとりで放っておいてもらう権利」「私事にみだりに介入されない権利」のような，いわば受動的な権利として発展してきた。

これに対し近時は，プライバシー権を自己に関する情報をコントロールする権利「自己情報コントロール権」としてとらえる考え方が有力になっている。

「自己情報コントロール権」をどうとらえるか，さまざまな考え方がある。たとえばある学説は，ここでいう自己情報は「個人の道徳的自律と存在に直接関わる情報」「人の精神過程とか内部的な身体状況等に関わる高度にコンフィデンシャルな（機密性の高い）性質の情報」とする。

基本的にはセンシティブ情報のなかでも，さらに「センシティブ」性の高い情報をその対象にしていることがわかる。

他方で，この学説は，「センシティブ性が低く個人の道徳的自律と存在に直接関わらない外的事項に関する情報」につき，悪用されたり集積されて効率的な利用の対象とされると，個人を脅かす契機をはらむことになるので，プライバシーの権利の内容としての保護の対象とされるとしている。解釈によってはセンシティブ性の低い情報も保護の対象にすることは可能と思われる。

裁判例にも，前出の「ノンフィクション『逆転』」事件控訴審判決など，こうした自己情報コントロール権説に「大きな配慮を払った」と評価されているものがある。

また，「在日台湾元軍属身元調査」事件の第１審判決（東京地裁昭和59年10月30日判決）は，「自己に関する重大な事項についての誤った情報を他人が保有することから生じうべき不利益ないし損害を予め回避するため，当該個人から右情報保有者に対して，人格権に基づき右個人情報中の事実に反する部分の抹消ないし訂正を請求しうる」としており，実質的に自己情報コントロール権と同様の考え方に立っていると見られている。

◆ 自己情報コントロール権のひとつである「忘れられる権利」についての裁判例

自己情報コントロール権のひとつとして重要なのは，EUのGDPR（一般データ保護規則）が明文化している「忘れられる権利」である。

忘れられる権利は，2014年５月，EU裁判所の判決が初めて認めた。そして，2017年には，日本の最高裁判所が，この忘れられる権利を認めている。その際，最高裁は，データの削除を認めるための要件を示した（最高裁平成29年１月31日決定）。

その要件は，プライバシーに属する事実を公表されない利益が公表する利益に明らかに優越することである。

この裁判で扱われた事件は，児童買春等の処罰に関する法律違反の容疑で逮捕され，罰金刑に処せられた事実がウェブサイトの電子掲示板に多数回書き込まれ，そのため本人が，世界最大のシェアを占める検索事業者Ｙ社の提供する検索サービス利用で得られる検索結果の削除を求める仮処分命令の申立てをしたというものであった。

裁判所は，忘れられる権利を認めはしたが，要件吟味の結果，検索結果の削除を命じることはしなかった。

結論は，仮処分命令の申立てを退けたことから，最高裁判所が「忘れられる権利」を正面から認めたといえるかどうか疑問を呈する向きもある。

ただ，「要件」吟味の結果，この権利に基づく削除を認めなかっただけで，事実関係次第で認められる余地はあったと見るべきである。

◆ コロナ禍パンデミックと個人情報保護

新型コロナウイルスは，2020年に入り世界的に感染が拡大した。

パンデミックの危機的状況に直面した国や地域のなかには，都市封鎖を含む思い切った策を打ったところがあった。自宅からの外出を禁じ，飲食店の営業停止に踏み切った国もあった。こうした措置は，居住移転の自由を制限し経済活動の自由を奪い，基本的人権を侵しかねない。

世界各地で，個人の自由と公共の福祉との調整が問題となったのである。日本では，2020年４月７日に緊急事態宣言が出され，移動の自由，集会の自由，営業の自由など，日本国憲法の保障する自由が制約を受けることになった。

最も問題になったのは，プライバシー権をどこまで制限できるかであった。同じく憲法の保障する基本的人権や個人の自由につき，どこまで公共の利益の前に“譲歩”せざるをえないかについては，自ずから“格差”がある。日本国憲法の下で，この点を見てみよう。

日本国憲法22条１項は，「何人も，公共の福祉に反しない限り，居住，移転及び職業選択の自由を有する」と定める。財産権を保障した同29条２項は，「財産権の内容は，公共の福祉に適合するように，法律でこれを定める」としている。

人々を感染症の脅威から守り，生命身体の安全・安心を確保するのは，まさに公共の福祉が求めるところというべきである。

一方で，憲法13条は，「すべて国民は，個人として尊重される。生命，自由及び幸福追求に対する国民の権利については，公共の福祉に反しない限り，立法その他の国政の上で，最大の尊重を必要とする」としており，個人のプライバシー権は，同条の保障するところと考えられる。

コロナ禍によって，公共の福祉による基本的人権の制限が，それぞれどこまで許されるかが問われることとなった。なかでも，「個人の尊重」を国政上の最優先目標に掲げる憲法13条の制限は，他の経済的自由に比較してより難しい。

たとえば，飲食業の営業禁止・制限は，財産権の保障に反するおそれを生じさせる。しかし，憲法29条３項が「私有財産は，正当な補償の下に，これを公共のために用ひることができる」とするので，結局のところ「営業補償」をどこまで手当てすればよいかの問題に帰着するともいえる。

パンデミック下で，感染拡大防止のため徹底した検査と隔離で対応した国・地域が少なくなかった。これに対し，日本の対応は「生ぬるい」ととらえられかねないものであった。

この点，日本の対応を，個人情報保護に焦点を絞って，検証してみよう。

2020年春以降，新型コロナウイルスの感染拡大を食い止めるために個人データを活用する動きが，世界各地で広がった。中国や韓国，台湾その他の国・地域では，感染者の位置情報・健康情報が使われている。

アメリカのアップルとグーグルは，2020年４月，スマートフォンの「Bluetooth機能」を利用し，感染者との濃厚接触を検知するシステムを世界各国に共同で提供すると発表した。

同じ頃，日本でも官民合同のチームをつくり，ITやデータを活用した対策をスタートさせた。利用者のスマホ端末に残る接触履歴を基にして，感染者が判明したときに濃厚接触者宛通知がいくアプリの開発をめざした。

その結果，2020年６月には，厚生労働省がスマホ用の同アプリを公開した。公開に先立ち，当時の安倍首相が記者会見で，人口の６割にアプリが普及し濃厚接触者を早期に隔離すれば都市封鎖を回避できるとのイギリスの大学の研究結果を引き合いに，ダウンロードを勧めた。

にもかかわらず，公開後２か月ほど経過した時点で，登録した感染者は数百人にすぎなかった。濃厚接触者確認の手段としては機能せず，成功したとはとてもいえない。

原因はどこにあるのかといえば，プライバシー情報の扱いの“不備”にありそうだ。感染者が登録するかどうかは自由に委ねられているし，厚生労働省は，プライバシー保護を尊重するため，アプリ利用者の連絡先を把握していなかった。

連絡先や位置情報を確認する公益上の要請とプライバシー保護の両立をどうはかるかがいま問われているといってもよい。

個人情報保護委員会は，2020年５月１日，本件通知アプリ導入に関する見解を発表し，利用目的を利用者に適切に説明した上で，利用後のデータ消去，問い合わせ体制の確立といった安全管理に配慮すべきとした。

オリンピック，パラリンピックの開催には，選手や大会関係者をはじめ，大勢の外国人客を受け入れなくてはならない。その時点でまだコロナ禍が収束していないならば，安全確保を第一にしつつ最大限移動の自由などを保障する大会運営が目標になった。

2020年12月時点での日本政府の方針は，外国人客のワクチン接種を入国時の条件としたり，交通機関の利用を制限したりはせず，ビザ（査証）と入場チケット，移動情報の記録を連携させるスマートフォン向けアプリを組み合わせた使用を促すことで，移動の自由と感染対策の両立をはかるものであると伝えられた。

厚生労働省が作った「COCOA（ココア）」は，近距離無線通信を使ってアプリ利用者同士が近づいたことを記録する方式による。外国では，全地球測位システム（GPS）の位置情報を直接追跡するなど，プライバシーの保護に欠けるのでは，との指摘もあり，比べればCOCOAはよりプライバシーに配慮しているといえる。

日本政府がオリ・パラ対応で開発し導入を図ったのは，COCOAとは別のもので，利用者の同意を前提に，行動履歴などのデータを扱うとされている。データの保存方法などによっては，EUのGDPRの適用も想定しておかなくてはならない。

◆ コロナ禍と個人データの収集・分析

コロナ・パンデミックを収束に向かわせる鍵を握るワクチンの開発には，多くの治験例を要し，何年もかかるのが一般である。治療薬の開発なども同様といってよい。そうなると，コロナ禍対応では，膨大な数の患者の個人データが欠かせない。

しかし，医療分野における個人データの収集・移転には，多くの困難が伴う。最大の難関は，法23条が個人データの第三者提供を，原則として本人の同意なしでできないとしている点にある。

同条の原則には，４つの例外が規定されている。「法令に基づく場合」（１号），「人の生命，身体又は財産の保護のために必要がある場合」（２号），「公衆衛生の向上又は児童の健全な育成の推進のために必要がある場合」（３号）である。

コロナ禍対応のうち，とくに感染拡大防止，感染予防のためには，２号および３号の例外が直接関わりそうであるが，いずれも，「本人の同意を得ることが困難であるとき」でなければ第三者に提供できないと明記されている。また，４号の例外にも「本人の同意を得ることにより当該事務の遂行に支障を及ぼすおそれがあるとき」が要求されている。

感染症の予防となると，「公衆衛生の向上」（法23条３号）が欠かせないはずであるし，１号の「法令」による特別の手当てが必要になるのではないだろうか。

憲法25条が，「国は…公衆衛生の向上及び増進に努めなければならない」と定めるとおり，公衆衛生については，「法令」を越えた特別扱いがなされている。

個人情報保護委員会の初代委員長であった堀部政男一橋大学名誉教授は，最近の論稿「公衆衛生と個人情報保護法の交錯点―『公衆衛生の向上及び増進』の明文化を」（「ビジネス法務」2021年８月号１頁）の中で以下のように述べている。

新型コロナウイルスが地球規模で猛威をふるい，多数の死者が出ている状況のもとで，いのちの大切さに思いを致すならば，いのちを守ることにもつながる公衆衛生の重要性はだれの目にも明らかである。現在は，個人情報保護法の１条の目的で，「個人情報の<u>適正かつ効果的な活用が新たな産業の創出並びに活力ある経済社会及び</u>

豊かな国民生活の実現に資するものであることその他の個人情報の有効性」と定めているが，産業復興等経済的側面を重視している下線部は2015年改正で追加された。この目的規定に「公衆衛生の向上及び増進」を明文化することを提唱したい。

個人情報保護法も感染症の防止策により一層貢献することになるであろう。目的規定に理念が追加されると，関係条項もそれに沿った解釈が可能になるからである。

同趣旨のことを児玉安司弁護士が，東京法律相談連絡協議会主催の医療講演会「COVID-19の病態及び感染症対策～医師・弁護士の立場から～」（2021年６月３日）の席上発言した。個人情報保護法の43条は，個人情報保護委員会の権限行使によって「表現の自由，学問の自由，信教の自由及び政治活動の自由を妨げてはならない」と規定する。同趣旨に照らし，個人情報取扱事業者が，法76条１項各号に掲げる報道機関，著述を業として行う者，大学など，宗教団体，政治団体に個人情報を提供する行為につき，同委員会の権限不行使を規定している点に関してである。

これに比して，大学病院などが権限不行使の対象にならないことの不都合を同弁護士は指摘した。

新型コロナウイルスの感染拡大防止の決め手となる「公衆衛生の向上・推進」のため，緊急事態に対応した個人データの収集・移転を根拠づける「法令」がなぜ一本もないのかとの主張は，首肯できるものである。

3 個人情報の保護に関する法律（個人情報保護法）の制定

◆ 法制定にいたるまでの経緯

日本では，1970年代から個人情報保護に関する法制の整備に向けた準備を進め，1980年にはOECD（経済協力開発機構）の「プライバシー保護と個人データの国際流通についてのガイドラインに関するOECD理事会勧告」（いわゆる「OECDプライバシーガイドライン」）を採択した。

これにより，日本を含むOECD加盟国は，OECDプライバシーガイドラインの示したプライバシー保護に係る原則を，国内法においても考慮しなければならなくなった。そこで，1988年，まず行政機関を対象とする「行政機関の保有する電子計算機処理に係る個人情報の保護に関する法律」を制定した。

さらに2003年には，民間企業等を対象として「個人情報の保護に関する法律」を制定するとともに，行政機関を対象とする「行政機関の保有する電子計算機処理に係る個人情報の保護に関する法律」を全面改正し，「行政機関の保有する個人情報の保護に関する法律」として制定した。

◆ 制定された個人情報保護法の内容

日本では，個人情報の保護は地方公共団体の条例や国レベルでも行政機関などの保有する個人情報についての法律による保護が先行して行われた。

その後に「民間企業等」を対象とする個人情報保護法が制定され，全面施行になったのは，2005年４月１日からであった。

個人情報保護法の，まずは全体概要を見ておきたい。

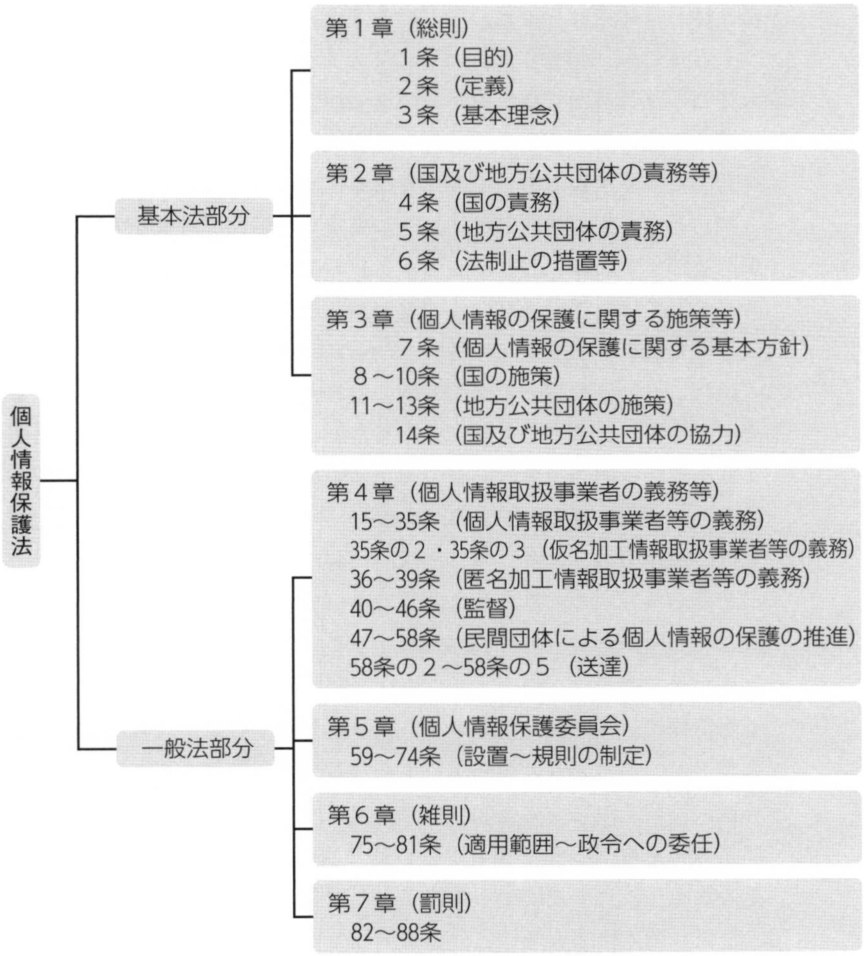

※条文は2020年改正後，2021年改正前のもの。

個人情報保護法は，民間事業者と公的分野に共通で適用する「基本法部分」（第１章～第３章），民間事業者に対してのみ適用される「一般法部分」（第４章），「個人情報保護委員会に関する組織を定める部分」（第５章），雑則および罰則（第６章，第７章）の全７章の合計88条の条文と，附則から構成されている。「基本法部分」と「一般法部分」

に分け，全体内容をまとめると図のようになる。

そもそも個人情報保護法はどのような性格の法律かというと，「個人情報の保護に関する法律」という名前で惑わされがちだが，個人を保護する法律というよりは，大量に個人情報を扱う事業者を行政的に規制する監督法規であって，たんなるプライバシー保護法ではない。

似たような規制法に，交通ルールを定めた道路交通法がある。自動車を運転するには免許が必要であるし，交通ルール違反をすれば，場合によっては免許剥奪ということがあり得たが，同法が直接，交通事故の被害者を少なくし，被害の救済をはかるわけではない。

これに近い法的ルールがこの個人情報保護法に決められている。個人情報を扱う事業者を免許事業にしたわけではないが，すべての分野で個人情報保護委員会が業務の中止命令や，是正命令，あるいは報告命令という行政処分ができる（法42条）。

この法律のもうひとつの特徴は，いわば，迷惑行為規制法だということである。いま大きな社会問題になっている「振り込め詐欺」などは，「迷惑行為」の代表例であろう。

また，スキミングやフィッシングと呼ばれている手法を使った金融信用情報の分野の個人情報やクレジットカードの暗証番号漏えい事故の発生が，この分野の規制法を生んだ最大の原因である。

個人情報を漏らすことは，そのもたらす弊害の大きさからいって，個人情報を取り扱う事業者が社会的な責任に背いていることになる。そのため，これを規制する法律が必要になったのである。

ただ，個人情報保護法には間接的にプライバシー保護，被害者本人の保護をはかる面があることもたしかではある。

次に，個人情報保護法の内容面の特徴をまとめると，企業や事業者が行わなければならない義務などについて規定しているのは，「第４章」の部分である。

同部分の諸規定の詳細をここで紹介することはしないが，この分野に限らず法令の規定は抽象的であり解釈を必要とするものが少なくない。

そこで，個人情報保護委員会が，それら法令，規則に関し，解釈上のガイドラインを公表している。ガイドラインは，業種を問わず事業者全般を対象としており，「通則編」，「外国にある第三者への提供編」「第三者提供時の確認・記録義務編」，および「匿名加工情報編」の4種類がある。

なかでも，「通則編」ガイドラインは，本書のテーマである「個人情報保護・管理」が求める「書式」づくりのために必ず参照すべき資料となっている。

◆ 限定提供データ制度を導入する不正競争防止法改正

関連する法改正として，2018年5月23日「不正競争防止法等の一部を改正する法律」が成立し，2019年7月1日から施行された。改正では，「限定提供データ」制度が新設された。

同制度は，事業者等が相手を限定して業として提供するデータを「限定提供データ」と定義した上で，その不正取得，使用・開示行為を新たに不正競争として民事的措置の対象にするためのものである。

データを安全・安心に流通させ利活用できるようにするのが制度導入のねらいといってよい。制度の対象として想定するデータは，「営業秘密」として保護されるための「秘密管理性」や「非公知性」の要件を満たさないことがほとんどである。

データ自体の著作物性もなく，まとまってデータベースの著作物にも当たらないので，著作権法の下で保護されにくいことも改正の背景にある。

4 個人情報保護法の2015年改正

◆ 改正はなぜ必要になったか

2005年４月に全面施行になった個人情報保護法は，国民の個人情報保護に向けた意識を大きく変えるのに役立った。

その一方で，個人情報保護法と関連法令の施行で，国民の間にいわゆる「過剰反応」問題をもたらした。学校や会社などで，生徒や社員の緊急連絡先を書いた「連絡網」を作成できないといった不都合が生じたからである。

個人情報保護法23条が，原則として本人の同意を得ない個人データの第三者提供を禁じるために生じた問題といってよいであろう。

そこで，法改正に向けた動きが始まった。しかし，国民生活審議会が2007年６月29日提出した，「個人情報保護に関する取りまとめ（意見）」は，個人情報の第三者提供の原則禁止規定について法改正の必要はないとしたうえで，まず国民への個人情報保護制度の周知徹底をはかっていくべきであるとした。

2011年７月には，内閣府・消費者委員会の個人情報保護専門調査会が報告書を提出し，この問題について，「事業者，行政機関又は地方公共団体等が，個人情報保護法制（条例を含む）では制限されていないにもかかわらず，個人情報等の提供を差し控えるケースについては，本人の権利利益を保護する法の目的と，健全な民主主義社会の存立に不可欠な公益性，公共性の観点から公にすべき情報の流通が両立されるよう，施策の方向性を検討する必要がある」とした。

この報告を受け，2015年３月10日，政府は「個人情報の保護に関する法律及び行政手続における特定の個人を識別するための番号の利用等に関する法律の一部を改正する法律案」を閣議決定して国会に提出し，同法案は同年９月３日に国会を通過し成立した。

改正個人情報保護法は，後述する（60頁以下参照）マイナンバー法の改正を含んでおり，マイナンバー法に規定する特定個人情報保護委員会を個人情報保護法上の第三者機関とするため，マイナンバー法に合わせて同委員会を個人情報保護委員会に改組することとし，この部分は，2016年１月１日より施行となった。

その他の部分は，2017年５月30日に施行になった。

改正の概要は，以下のとおりである。

⑴　個人情報の定義の明確化

従前，「個人情報」は，「生存する個人に関する情報であって，当該情報に含まれる氏名，生年月日その他の記述等により特定の個人を識別することができるもの（他の情報と容易に照合することができ，それにより特定の個人を識別することができることとなるものを含む。）をいう」と定義されていた。

改正後は，この定義に個人識別符号が含まれるものが追加された（改正法２条１項２号）。個人識別符号とは，情報単体から特定の個人を識別できるものとして個人情報の保護に関する法律施行令（平成15年政令第507号）に定められた文字，番号，記号その他の符号をいう（法２条２項）。

⑵　「要配慮個人情報」の定義新設

改正法は，いわゆる機微（センシティブ）情報について新たに定義規定を置くこととし，「要配慮個人情報」は，「本人の人種，信条，社会的身分，病歴，犯罪の経歴，犯罪により害を被った事実その他本人に対する不当な差別，偏見その他の不利益が生じないようにその取扱いに特に配慮を要するものとして政令で定める記述等が含まれる個人情報をいう」とした（法２条３項）。

⑶　第三者提供に係る確認・記録の作成義務規定新設

個人情報取扱事業者は，流通する個人情報のトレーサビリティを確保するために，以下の「第三者からの個人データの提供にかかる記録の保存」および，「第三者からの個人データの提供にかかる記録の保存」義務を新たに負うこととなった。

⑷　個人情報保護委員会の新設

個人情報および匿名加工情報の取扱いに関する監督等の事務をつかさどる内閣府の外局としての機関として，個人情報保護委員会が設置された。

⑸ 匿名加工情報に関する規定の整備

「匿名加工情報」とは，特定の個人を識別することができないように個人情報を加工して得られる個人に関する情報であって，当該個人情報を復元することができないようにしたものをいう（法２条９項）。

改正法は匿名加工情報のデータベースを事業用に提供している事業者を「匿名加工情報取扱事業者」として，新たな規律下に置いた（法36～39条）。

⑹ オプトアウト制度の見直し

個人情報保護法23条２項に定めるオプトアウト制度につき，個人情報保護委員会の関与を求める改正をした（法23条４項）。

⑺ 開示等請求権の明確化

個人情報の本人が個人情報取扱事業者に対して開示，訂正等および利用停止等の請求を行う権利を有することが規定された（法28条１項，29条１項，30条１項）。

⑻ 小規模事業者の適用除外の削除

従来は，個人情報取扱事業者のなかで小規模事業者の特例が定められ，過去６カ月以内のいずれにおいても5,000以下の特定の個人を識別する情報を保有しているにすぎない事業者を適用除外としてきたが（施行令２条），この規定が削除された。

⑼ 個人データの外国にある第三者への提供の制限

個人情報取扱事業者が個人データを外国にある第三者に提供する場合には，所定の要件を満たさなければならず，かつ，あらかじめ本人からの同意を得なければならないとした（法24条）。

⑽ 刑事罰の拡充

個人情報データベース等を取り扱う事務に従事する者または従事していた者が，取り扱った個人情報データベース等を不正な利益を得る目的で提供し，または盗用すると，１年以下の懲役または50万円以下の罰金に処せられる（法

83条)。

⑾　**域外適用**

日本国内にある者に対する物品または役務の提供に関連して，その者を本人とする個人情報を取得した個人情報取扱事業者が，外国において当該個人情報またはこれを用いて作成した匿名加工情報を取り扱う場合にも，個人情報保護法が適用されることになった（法75条)。

◆ 改正による「第三者提供の厳格化」とクラウドサービス

2015年個人情報保護法改正は，「オプトアウトによる第三者提供の厳格化」の改正を含んでいることから，海外のクラウドサービスを受ける契約の内容次第では，「本人の同意」が必要になる可能性がある。

個人情報保護法は，個人データを第三者に提供する場合には，本人の同意取得を原則としている。この原則の例外として，個人データについて本人の求めに応じて第三者への提供を停止することにして，一定の事項につき，あらかじめ本人に通知し，または本人が容易に知り得る状態に置いているときは，本人の同意なしに個人データを第三者に提供することができるとする（オプトアウト手続)。

改正は，オプトアウト手続に関し，新たに，第三者提供の停止に関する求めを受け付ける方法を本人に通知し，または本人が容易に知り得る状態に置くとともに，個人情報保護委員会に対して事前に届け出ることを必要とした。

さらに今回の改正は，個人情報取扱いのグローバル化対応のため，外国にある第三者に個人データを提供する場合の要件につき特則を設け，原則として本人の同意取得を求めた。

同意の取り方は，外国にある第三者への提供がある旨を伝え本人の同意を得れば済むかといえばそうではない。個人情報保護委員会が公表している「個人データの漏えい等の事案が発生した場合等の対応について」のＱ＆Ａは，「事業の性質及び個人データの取扱状況に応じ，当該本人が当該同意に係る判断を行うために必要と考えられる適切かつ合理的な方法によらなければなりません」(「Q9-2」) としている。

2021年に入り，クラウドサービスを利用する事業者が個人情報を流出させる事故が相次ぎ，個人情報保護委員会が警告を発したことがある（この件については，77頁以下を参照)。

◆ 改正による「匿名化」とGDPRにおける匿名化，仮名化の比較

本改正は，匿名加工情報を「特定の個人を識別することができないように個人情報を加工して得られる個人に関する情報であって，当該個人情報を復元することができないようにしたもの」と定義し，作成・提供に関する義務や再識別の禁止を定めている。

GDPRの場合，匿名化（anonymisation）につき，前文に関連した記載があるだけで，条文では定義していない。運用上の規律は，元の個人データを本人が特定されないように加工するとともに，加工手法などに関する情報を削除することを匿名化の条件としている。

GDPRは，仮名化（pseudonymisation）につき，「追加的な情報が分離して保管されており，かつ，その個人データが識別された自然人または識別可能な自然人に属することを示さないことを確保するための技術上および組織上の措置の下にあることを条件として，その追加的な情報の利用なしには，その個人データが特定のデータ主体に属することを示せないようにする態様で行われる個人データの取扱いを意味する」と定義している。

運用上の規律は，25条の「データ保護バイデザイン」や32条の取扱いの安全性において，適切な技術的および組織的な措置の例として挙げている。また，個人データよりも負荷の軽い規律としており，11条⑵は，データ主体が，自己の権利の行使の目的のために，自身の識別ができるようにする付加的な情報を提供する場合を除き，15条から20条までの規定（15条（データ主体によるアクセスの権利)，16条（訂正の権利)，17条（「忘れられる権利」)，18条（取扱いの制限の権利)，19条（個人データの訂正・消去または取扱いの制限に関する通知義務)，20条（デー

タポータビリティの権利))は適用されないとされている。

なお，2020年６月に成立した改正個人情報保護法（2022年４月施行予定）は，新たに「仮名加工情報」を導入し，内部分析に限定するなどを条件に，事業者が個人データを利用しやすくした。また改正「個人情報の保護に関する法律についてのガイドライン（通則編）」とともに，仮名加工情報についての解釈等を定めた改正「個人情報の保護に関する法律についてのガイドライン（仮名加工情報・匿名加工情報編）」が2021年８月に公表になった。

5 個人情報保護法の2020年改正とデジタル改革関連法の成立

◆ 改正の概要

2020年６月５日，「個人情報の保護に関する法律等の一部を改正する法律案」が成立し，2022年４月１日から施行される。

今回の改正は，2015年改正個人情報法で設けられた「いわゆる３年ごと見直し」に関する規定（附則12条）に基づくものである。

◆ 改正法成立までの経緯

2020年６月成立の法改正は，2015年改正法に盛り込まれた「３年ごと見直し」に向けた初の改正である。

改正の主な内容を項目を絞って列挙すると，①本人による利用停止消却など請求の要件緩和，②「仮名加工情報」制度の創設，および③法の域外適用の範囲などの拡大である。

個人情報保護委員会の手による改正法案が国会に提出されたのは，2020年３月10日であり，同年６月５日に成立，改正法としての公布は同年同月12日であった。施行は，2022年４月からである。

◆ 改正法の概要

改正法の概要は，個人情報保護委員会の作成にかかる次頁の図表のとおりである。

個人情報の保護に関する法律等の一部を改正する法律（概要）

■ 平成27年改正個人情報保護法に設けられた「いわゆる３年ごと見直し」に関する規定（附則第12条）に基づき，個人情報保護委員会において，関係団体・有識者からのヒアリング等を行い，実態把握や論点整理等を実施。

■ 自身の個人情報に対する意識の高まり，技術革新を踏まえた保護と利活用のバランス，越境データの流通増大に伴う新たなリスクへの対応等の観点から，今般，個人情報保護法の改正を行い，以下の措置を講ずることとしたもの。

改正法の内容

１．個人の権利の在り方

- 利用停止・消去等の個人の請求権について，不正取得等の一部の法違反の場合に加えて，個人の権利又は正当な利益が害されるおそれがある場合にも要件を緩和する。
- 保有個人データの開示方法（※）について，電磁的記録の提供を含め，本人が指示できるようにする。
  （※）現行は，原則として，書面の交付による方法とされている。
- 個人データの授受に関する第三者提供記録について，本人が開示請求できるようにする。
- ６ヶ月以内に消去する短期保存データについて，保有個人データに含めることとし，開示，利用停止等の対象とする。
- オプトアウト規定（※）により第三者に提供できる個人データの範囲を限定し，①不正取得された個人データ，②オプトアウト規定により提供された個人データについても対象外とする。
  （※）本人の求めがあれば事後的に停止することを前提に，提供する個人データの項目等を公表等した上で，本人の同意なく第三者に個人データを提供できる制度。

２．事業者の守るべき責務の在り方

- 漏えい等が発生し，個人の権利利益を害するおそれがある場合（※）に，委員会への報告及び本人への通知を義務化する。
  （※）一定数以上の個人データの漏えい，一定の類型に該当する場合に限定。
- 違法又は不当な行為を助長する等の不適正な方法により個人情報を利用してはならない旨を明確化する。

３．事業者による自主的な取組を促す仕組みの在り方

- 認定団体制度について，現行制度（※）に加え，企業の特定分野(部門)を対象とする団体を認定できるようにする。
  （※）現行の認定団体は，対象事業者のすべての分野（部門）を対象とする。

４．データ利活用に関する施策の在り方

- イノベーションを促進する観点から，氏名等を削除した「仮名加工情報」を創設し，内部分析に限定する等を条件に，開示・利用停止請求への対応等の義務を緩和する。
- 提供元では個人データに該当しないものの，提供先において個人データとなることが想定される情報の第三者提供について，本人同意が得られていること等の確認を義務付ける。

５．ペナルティの在り方

- 委員会による命令違反・委員会に対する虚偽報告等の法定刑を引き上げる。
  ※）命令違反：６月以下の懲役又は30万円以下の罰金
  　→１年以下の懲役又は100万円以下の罰金
  　虚偽報告等：30万円以下の罰金→50万円以下の罰金
- データベース等不正提供罪，委員会による命令違反の罰金について，法人と個人の資力格差等を勘案して，法人に対しては行為者よりも罰金刑の最高額を引き上げる（法人重科）。
  ※）個人と同額の罰金（５０万円又は３０万円以下の罰金）→１億円以下の罰金

６．法の域外適用・越境移転の在り方

- 日本国内にある者に係る個人情報等を取り扱う外国事業者を，罰則によって担保された報告徴収・命令の対象とする。
- 外国にある第三者への個人データの提供時に，移転先事業者における個人情報の取扱いに関する本人への情報提供の充実等を求める。

※　その他，本改正に伴い，「行政手続における特定の個人を識別するための番号の利用等に関する法律」及び「医療分野の研究開発に資するための匿名加工医療情報に関する法律」においても，一括法として所要の措置（漏えい等報告，法定刑の引上げ等）を講ずる。

◆ ガイドラインの公表

2021年５月19日，個人情報保護委員会は，2022年４月１日から施行になる個人情報保護法の改正に対応して，「個人情報の保護に関する法律についてのガイドライン（通則編，外国にある第三者への提供編，第三者提供時の確認・記録義務編及び匿名加工情報編）の一部を改正する告示（案）」を公表した。

同案は，パブリックコメント手続に付された後，2021年８月２日，正式にガイドラインとして公表された。

本ガイドラインは，法改正だけでは明らかにならないであろう論点につき，事例に基づく解釈を具体的に示しており，実務の参考にすべき内容を多く含む。

法改正に対応してガイドラインの改訂点も多岐にわたる。その全体概要は次頁に示したとおりであるが，本書のテーマである「基本と書式」との関連では，プライバシーポリシーや利用目的の開示と対応した同意書面の作成・改訂がとくに重要である。

利用停止等	一部の法違反の場合に加えて、本人の権利又は正当な利益が害されるおそれがある場合にも拡充する	・**本人の権利又は正当な利益が害されるおそれがある場合**について、利用停止等が認められる事例や認められない事例を含め解釈を具体的に記載 ➢ 利用停止等が認められる事例…ダイレクトメール送付停止を求めたにもかかわらず、繰り返し送付される場合 ➢ 認められない事例…電話会社からの料金支払いを免れるため、課金に必要な情報の利用停止等を請求する場合
漏えい等報告・本人通知	漏えい等が発生し、個人の権利利益を害するおそれがある場合（要配慮個人情報、財産的被害が発生するおそれがある漏えい等）に、委員会への報告（速報・確報の２段階）及び本人通知を義務化する	・**委員会への報告を要する事態**について、事例を含め解釈を具体的に記載するとともに、**委員会への速報・確報の時間的制限の考え方**等を記載 ➢ 財産的被害が発生するおそれがある漏えい等に該当する事例…ECサイトからクレジットカード番号が漏えいした場合 ➢ 速報の時間的制限の目安として、事態の発生を知った時点から概ね3日～5日以内（確報については、規則において原則30日以内と規定）
不適正利用の禁止	違法又は不当な行為を助長する等の不適正な方法により個人情報を利用してはならない旨を明確化する	・**不適正な方法による個人情報の利用に該当すると考えられる場合**について、事例を含めて解釈を具体的に記載 ➢ 該当する事例…採用選考を通じて個人情報を取得した事業者が、性別、国籍等の特定の属性のみにより、正当な理由なく本人に対する違法な差別的取扱いを行うために、個人情報を利用
認定団体制度の充実	現行制度に加え、企業の特定分野（部門）を対象とする団体を認定できるようにする	・今般の法改正も契機に、**認定団体の望ましい取組の方向性**を示すためのガイドラインを認定団体編として新設 ・制度の目的・意義に加え、①求められる具体的な業務（苦情処理、情報提供等）、②自主ルールの策定等、③漏えい等報告等について記載
公表事項等	安全管理のために講じた措置を法定公表事項に追加する	・安全管理の観点から公表すべき事項として、個人データの取扱いに関する責任者を設置している旨、個人データを取り扱う従業者及び当該従業者が取り扱う個人データの範囲を明確化している旨等を記載 ・外国の制度等を把握した上で、安全管理措置を講ずべき旨を明確化 ・現行法で義務付けられている利用目的の規定に関し、本人が合理的に予測等できないような個人データの処理（ex.いわゆる「プロファイリング」）が行われる場合、本人が予測できる程度に利用目的を特定しなければならない旨を明確化
仮名加工情報	「仮名加工情報」を創設し、利用を内部分析等に限定することを条件に、利用目的の変更の制限等を緩和する	・**仮名加工情報の加工基準等**について、事例を含め解釈を具体的に記載 ➢ 仮名加工情報の加工基準に従った加工の事例…氏名、年齢、性別、サービス利用履歴が含まれる個人情報を加工する場合：氏名を削除
個人関連情報	提供先において個人データとなることが想定される情報の第三者提供について、本人同意が得られていること等の確認を義務付ける	・**同意取得の主体、同意取得の方法**等について、事例を含め解釈を具体的に記載 ➢ 同意取得の主体…原則、情報を利用する主体となる提供先が同意を取得する ➢ 同意取得の方法…同意取得にあたっては、対象となる個人関連情報の範囲を示した上で、明示の同意を要する
越境移転	・本人同意に基づく越境移転：同意の取得時に、本人への情報提供を求める ・体制整備要件に基づく越境移転：移転先による個人データの適正な取扱いの継続的な確保のための「必要な措置」及び本人の求めに応じた情報提供を求める	・**同意取得時の情報提供、体制整備要件に基づく越境移転時に移転元が講ずべき「必要な措置」**について、事例を含め解釈を具体的に記載 ➢ 同意取得時に提供すべき情報の考え方…本人がリスクを適切に把握できるよう、 ✓ 移転先が所在する外国の名称、 ✓ 個人情報保護制度等に関して、我が国の制度や我が国事業者に求められる措置との本質的な差異 についての情報提供を求める ➢ 体制整備要件に係る「必要な措置」… ✓ 年一回程度、移転先における個人データの取扱状況及びこれに影響を及ぼすおそれのある外国制度の有無等を確認、 ✓ 契約違反等の問題が生じた場合には、その是正を求める ✓ 問題が解消されず適正な取扱いの継続的な確保が困難となった場合は、個人データの提供を停止

◆ ガイドラインに沿った事業者による法改正対応の実務ポイント

2022年４月から施行の改正個人情報保護法は，個人情報を取扱う事業者に大きなルール変更を迫る。重要論点に絞り，個人情報保護委員会が，改正法施行に向け2021年８月に公表したガイドラインに沿って実務対応を考えてみたい。

⑴ 個人データの「処理の方法」の特定要求（就職情報サイト事件）

2019年８月以降，就職情報サイトを運営するＲ社が学生の内定辞退率をAIを使って予測し企業に提供していたことが問題となり，同年８月26日，個人情報保護委員会は，Ｒ社に対し個人情報保護法に基づく是正勧告を出した。

この件で何が問題になったかというと，個人情報が本人の知らなかった方法で利用されていた点である。応募した学生にとって，内定辞退率が自分の閲覧履歴などからスコア化され採用活動に使われているとは，夢にも思わなかったであろう。

改正法は，本人が合理的に予測できない個人データの処理が行われる場合，利用目的として，個人データの「処理の方法」などを本人が予測できる範囲に特定しなければならないとした。

「個人情報の保護に関する法律についてのガイドライン（通則編）」３－１－１は，この点，具体的に利用目的を特定している事例として「取得した行動履歴等の情報を分析し，結果をスコア化した上で，当該スコアを第三者へ提供いたします。」として，個人データを分析し本人の行動や関心などを推測するプロファイリングを規定する。

⑵ 個人データの海外移転先国の明示と同意を要求（Ｌ社事件）

2021年３月，IT大手のＬ社は，システム開発を委託している中国の関連会社の従業員が日本国内の利用者の個人情報を閲覧できる状態になっていた事実を公表した（86～87頁参照）。利用者への明確な説明がないまま，アプリ画像などのデータを韓国サーバーに保管していた事実も明らかになった。

Ｌ社は，個人データ保管委託先の監督体制に不備があったとして，同年４月には個人情報保護委員会と総務省から，それぞれ行政処分を受けた。後者の処分は，電気通信事業法に基づくものであった。

Ｌ社サービスを日本国内で利用する個人の情報が実際に流出したり，乱用された形跡はないという。そのため，Ｌ社は，当初，個人情報保護法違反はなかったとしていたが，Ｌ社の持株親会社ZHDの外部有識者による特別委員会は，2021年６月，検証結果などの中間報告書をまとめ，データ管理についての説明責任が欠けていたとした。

国内利用者の個人データを韓国のサーバーに保管していた点につき，政府に実態と異なる説明をしたこと，利用者に明確な説明がなかったことなどを，同報告書は重視した。

2020年の改正前の個人情報保護法は，利用者の同意があれば個人データを国外に移転することを認めており，Ｌ社は，利用者向け指針において「パーソナルデータを第三国に移転することがある」旨を明記していたので，法的に問題はないとしていた。

ただ，利用者が真意に基づいて中国にデータを移転することを想定して「同意」を与えたとみられるかどうかは疑わしい。中国では，2017年施行になった国家情報法があり，国家が民間企業などに情報提供を強要できるからである。

2022年４月施行予定の改正個人情報保護法は，移転先の国や制度を説明し，理解を得ることを「同意」の条件にする。

この点を除いても，個人情報保護法が改正前から求める委託先の監督義務に違反するおそれは拭いきれなかった。

Ｌ社では，改正法施行前の2021年３月31日，プライバシーポリシーを改訂し，海外移転先は韓国やベトナムであることを明記した（87頁参照）。

2021年５月中旬，国内で利用者が多いアプリの運営企業の６割が，国内ユーザーの個人データを海外に移転しているか，海外からアクセス可能であったとのアンケート調査結果が新聞に載った（日本経済新聞2021年５月13日）。

Ｌ社事件の際にも問題になったが，個人データの海外移転は，移転先の国や地域によっては，プライバシーを侵害されたり情報提供を強制されるリスクがある。そのため，2022年４月施行の改正個人情報保護法は，個人データを海外に移転するには，「本人」へ移転先国の明示や同意を求めることにした。

日本経済新聞社が，国内主要金融機関49社に行った調査によると，約４割の21社が顧客個人データを，中国やアメリカなど海外に移転して保管しているとわかった。クラウドやITツールを利用するために業務委託する，あるいは資産状況の分析目的で海外の企業にデータを移転・送付する企業もあったという。

外国にある第三者への個人データ提供の制限については，「個人情報の保護に関する法律についてのガイドライン（外国にある第三者への提供編）」が，2016年個人情報保護委員会告示第７号として出ていた。

同ガイドラインは，2020年の法改正に伴い，「個人の権利利益を保護する上で我が国と同等の水準にあると認められる個人情報の保護に関する制度を有している外国は，EU及び英国が該当する。…」と改められた。

それとは別に，2020年の法改正に関し，同ガイドラインは，法24条の下で，本人の同意取得時の情報提供，体制整備要件に基づく越境移転時に移転先が講ずべき「必要な措置」について，事例を含め解釈を具体的に記載することにした。その内容を要約するならば，以下のとおりである。

➤ 同意取得時に提供すべき情報の考え方…本人がリスクを適切に把握できるよう，
- ・移転先が所在する外国の名称，
- ・個人情報保護制度等に関して，我が国の制度や我が国事業者に求められる措置との本質的な差異についての情報提供を求める。
➤ 体制整備要件に係る「必要な措置」…
・年１回程度，移転先における個人データの取扱状況及びこれに影響を及ぼすおそれのある外国制度の有無等を確認，
・契約違反等の問題が生じた場合には，その是正を求める
・問題が解消されず適正な取扱いの継続的な確保が困難となった場合は，個人データの提供を停止

◆ デジタル改革関連法の成立

2021年５月，「デジタル社会の形成を図るための関係法律の整備に関する法律」が成立した。

同法により，現行の個人情報保護法制は大きく見直されることとなる。すなわち，個人情報保護法，行政機関個人情報保護法，独立行政法人等個人情報保護法を１つの法律に統合し，地方公共団体の個人情報保護制度について統合後の法律において全国的な共通ルールを規定する。また，法律ごとに分かれていた所管についても，個人情報保護委員会に一元化することとなった。さらに，個人情報の定義などについても，国・民間・地方で統一することになった。

この法律は，政府の説明資料によれば，「デジタル社会形成基本法に基づきデジタル社会の形成に関する施策を実施するため，個人情報の保護に関する法律，行政手続きにおける特定の個人を識別するための番号の利用等に関する法律等の関係法律について所要の整備を行う」ことを趣旨・目的とする。内容をまとめると，以下の４点になる。

- 個人情報保護制度の見直し
- マイナンバーを活用した情報連携の拡大等による行政手続の効率化
- マイナンバーカードの利便性の抜本的向上，発行・運営体制の抜本的強化
- 押印・書面の交付等を求める手続の見直し

このうち，個人情報保護制度の見直しは，さらに，以下の４点を内容とする。

① 個人情報保護法，行政機関個人情報保護法，独立行政法人等個人情報保護法の３本の法律を１本の法律に統合するとともに，地方公共団体の個人情報保護制度についても統合後の法律において全国的な共通ルールを規定し，全体の所管を個人情報保護委員会に一元化。

② 医療分野・学術分野の規制を統一するため，国公立の病院，大学等には原則として民間の病院，大学等と同等の規律を適用。

③ 学術研究分野を含めたGDPRの十分性認定への対応を目指し，学術研究に係る適用除外規定について，一律の適用除外ではなく，義務ごとの例外規定として精緻化。

④ 個人情報の定義等を国・民間・地方で統一するとともに，行政機関等での匿名加工情報の取扱いに関する規律を明確化。

個人情報保護制度見直しの全体像は，個人情報保護委員会作成の資料においては，次頁のように図示されている（出所：「個人情報保護制度見直しの全体像」）。

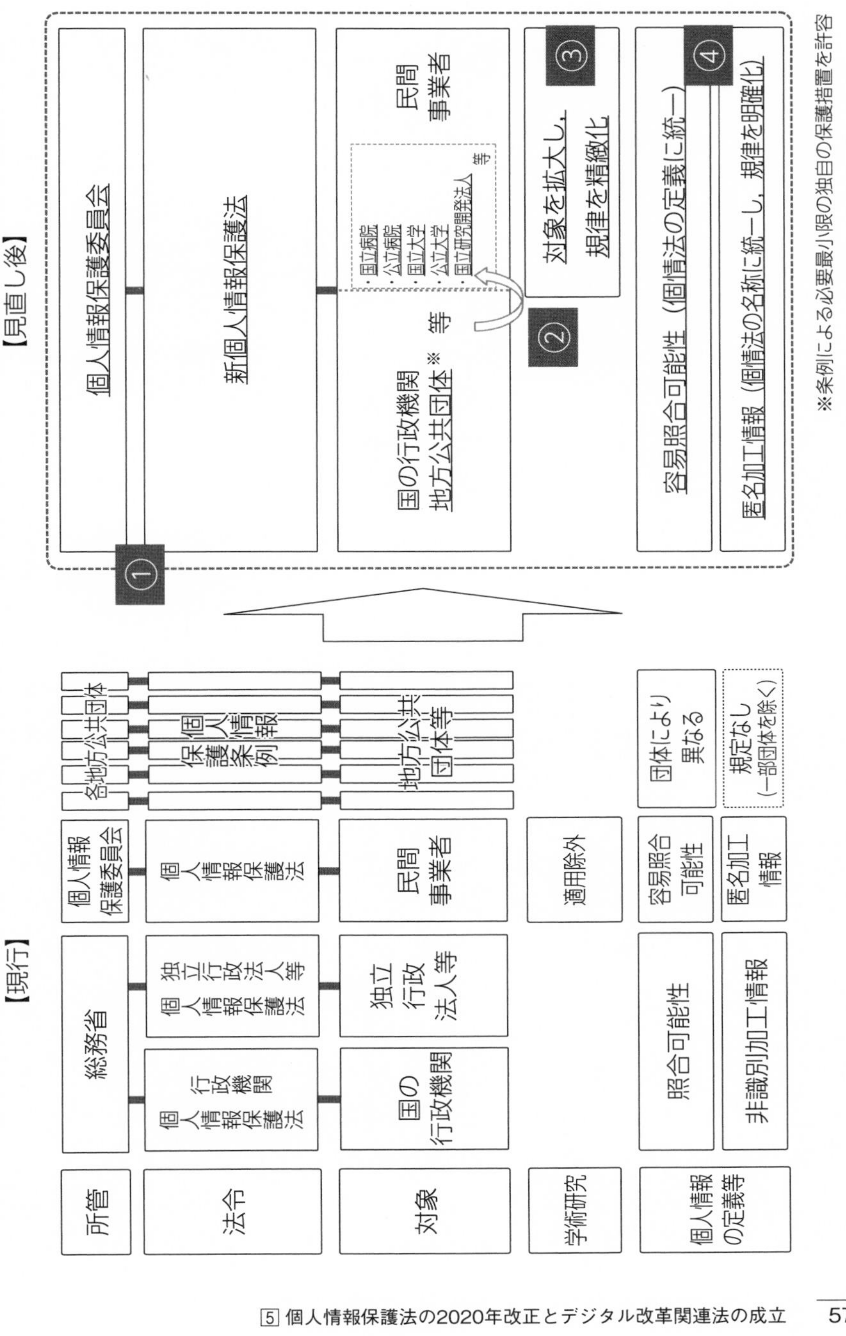
【現行】
所管
法令
対象
学術研究
個人情報の定義等
総務省
行政機関個人情報保護法
独立行政法人等個人情報保護法
国の行政機関
独立行政法人等
照合可能性
非識別加工情報
個人情報保護委員会
個人情報保護法
民間事業者
適用除外
容易照合可能性
匿名加工情報
各地方公共団体
個人情報保護条例
地方公共団体等
団体により異なる
規定なし（一部団体を除く）
【見直し後】
①
個人情報保護委員会
新個人情報保護法
国の行政機関
地方公共団体※ 等
・国立病院
・公立病院
・国立大学
・公立大学
・国立研究開発法人 等
民間事業者
②
③
対象を拡大し、
規律を精緻化
④
容易照合可能性（個情法の定義に統一）
匿名加工情報（個情法の名称に統一し、規律を明確化）
※条例による必要最小限の独自の保護措置を許容

6 マイナンバー制度の導入と個人情報保護

◆ マイナンバー制度はどのような制度か―マイナンバーは「自分の」情報か

マイナンバー（my number）自体は，「私の番号」という意味しかない。しかし，この文字どおりの意味とは裏腹に，マイナンバーは，行政手続を効率よく行うために使われる。マイナンバーも個人情報である以上，どこまで自己情報コントロール権の対象になるかが問われなくてはならない。

「マイナンバー制度」は，国民の生活に大きな影響力をもつ。マイナンバー制度は，正確にいうと2013年５月に成立した「行政手続における特定の個人を識別するための番号の利用等に関する法律」（マイナンバー法）その他関連法のもとで，導入が決まった。

2015年10月から，日本国内に住民票を有する全住民へのマイナンバー（マイナンバー法２条５項に規定する「個人番号」を指す）の通知，および日本国内に本店が所在するすべての法人や，日本国内で税務上の義務を負う外国法人等への「法人番号」の通知が始まった。

2016年１月以降，社会保障，税および防災・災害対策分野の行政事務に係る手続において，マイナンバーの利用が順次始まっている。

マイナンバーの利用は，これらの分野に限らずこれらに近接し，公共性が高い①戸籍事務，②旅券事務，③預貯金付番（口座名義人の特定・現況確認に係る事務），④医療・介護・健康情報の管理・連携等に係る事務，⑤自動車登録に係る事務にマイナンバーの利用範囲を拡大することについて，政府内で検討が進められてきた。

その結果，2015年のマイナンバー法により，2018年から預貯金付番制度や医療等の分野におけるマイナンバー利用が始まった。また，

2019年５月には戸籍法が改正され，マイナンバーと連動させた戸籍データの新たなシステムが創設された（運用開始は2024年頃の予定)。

マイナンバーの民間利用は，段階的に，個人番号カードの券面やICチップに搭載された公的個人認証を用いた本人確認などにおいて，民間事業者にも開放されていく。そのため，金融機関など民間事業者は，マイナンバーの民間利用に向けて準備を進めてきた。

これとは別に，民間事業者には，マイナンバーの公的利用に関して行うべきことがある。中心になる社会保障制度や税制面での公的利用を実現するためには，民間事業者の理解と協力が欠かせない。

民間事業者が従業員に給与を支払う場合を例に考えてみる。2016年１月１日以降の支払いに係る法定調書には，原則として支払先のマイナンバーを記載しなければならない。そこで，給与等を支払う従業員，報酬を支払う外部講師，不動産賃料を支払うビルオーナーなど支払先のマイナンバーを法令に基づいて取得し，適切に管理する必要がある。

マイナンバー制度の導入に伴い，マイナンバー等の記載欄を確保するために，給与所得の源泉徴収票が現行のA6サイズからA5サイズに変更されたので，この関連での準備も求められた。

マイナンバーを民間事業者が取得し管理するにあたっては，個人情報保護法を超えたコンプライアンス体制が求められる。マイナンバー法は，特定個人情報（個人番号とそれに紐づく情報）については，とくに強く保護されなくてはならないとしている。

違反行為に対しては重大な罰則を，両罰規定（行為者個人のほかに事業主も罰する規定）付きで科しているからである。

個人情報保護法には，個人情報の不適切な管理や漏えいを直接処罰する規定はなく，措置命令を無視した場合に行政命令違反として刑罰（１年以下の懲役，100万円以下の罰金）を，報告義務違反あるいは虚偽報告については50万円以下の罰金を科す（両罰規定あり）としているにとどまる。

◆ マイナンバー法と個人情報保護法の関係

マイナンバー法は，正確にいうと，個人情報保護法，行政機関個人情報保護法，独立行政法人等個人情報保護法，および個人情報保護条例の特別法にあたる。

マイナンバーを含む個人情報を「特定個人情報」というが，「個人情報」のひとつだから個人情報保護法令の適用を受けることになる。

ただ，マイナンバー法は「特定個人情報」の適切な取扱いを確保するための特則を規定しており，「特別法は一般法に優先する」との原則のもと，これらの特則が優先的に適用される。

マイナンバー法が特則を設けていない部分については一般法（民間事業者であれば個人情報保護法）が適用される。

マイナンバー法の特則にも，新たに書かれた規定，個人情報保護法などの規定を読み替える規定，およびその一部を適用除外する規定がある。

マイナンバー法はマイナンバーや特定個人情報の適正な取扱いを確保するために，個人情報保護法令より厳しい規制をしている。

個人情報保護法令と比較した規制内容は，①特定個人情報の利用に関する利用規制，②特定個人情報の提供，収集，本人確認などに関する提供規制，③特定個人情報の管理，委託などに関する管理規制，④本人からのアクセスを充実させるための措置，⑤情報の不正取扱いに対する執行強化に分けられる。

より具体的には，事業者や企業にとっては，次の２点について注意が必要となる。

第１に，個人情報保護法における「個人情報」は，利用目的の範囲に制限がなく，事業者が自由に決められるのに対して，マイナンバー法における「特定個人情報」は，利用目的の範囲が税，社会保障，災害対策，その他の法定された事項（預貯金付番制度，医療等の分野における利用等）に限定されている。

第２に，個人情報保護法では死者の個人情報は保護の対象から外れるが，マイナンバー法のもとでは対象に入る。

なお，2021年5月に成立した「デジタル改革関連法」は，マイナンバー法の改正を内容に含んでおり，マイナンバーを活用した行政手続の効率化をめざしている（同改正法の概要については，55〜56頁参照）。

7 グローバルな個人情報・データ保護の流れ

◆ 個人情報保護法制定のモデルになったOECD8原則

2005年４月１日から全面施行になった個人情報保護法であるが，内容的には，OECD（経済協力開発機構）の「８原則」がモデルになったことはよく知られている。とくに，個人情報保護法第４章の企業や事業者の義務を規定した部分には，次頁の図からわかるように，その傾向が顕著に表れている。

この図の左右を見比べると，義務規定がだいたい対応していることがわかる。中ほどに安全保護の原則があるが，いわゆるセキュリティ体制の構築義務といってよい部分であり，８原則にも入っている。

次に，本人の個人参加の原則がある。本人の情報なのだから，企業がお金をかけて集めた情報であっても基本的には本人のものだということである。

医療分野にはインフォームドコンセントの考え方があり，治療をするときは，本人の同意を得てからにしてほしいとか，手術の際には，どのような手術かを説明してもらう権利が認められる。

同様に，本人の個人情報なのだから，利用した側への処分や利用停止を求める権利，そしてそもそもどのような情報をもっているのかを聞き，開示を求める権利があるとするのが，個人参加の原則である。

個人情報保護法には，図の右側にあるように，関連して訂正要求や開示要求，利用停止が盛り込まれている。

1980年のOECD８原則から25年も経ってようやく個人情報保護法が施行になったことから，日本は対応が遅れたのではないかとの見方がなされた。

しかし，遅れてかえってよかったと思われる部分がひとつだけある。

〈OECD８原則〉	〈個人情報取扱事業者の義務〉
○目的明確化の原則 収集目的を明確にし，データ利用は収集目的に合致するべき ○利用制限の原則 データ主体は同意がある場合，法律による場合以外は目的以外に利用使用してはならない	○利用目的をできる限り特定しなければならない。(15条) ○利用目的の達成に必要な範囲を超えて取り扱ってはならない。(16条) ○本人の同意を得ずに第三者に提供してはならない。(23条)
○収集制限の原則 適法・公正な手段により，かつ情報主体に通知または同意を得て収集されるべき	○偽りその他不正の手段により取得してはならない。(17条)
○データ内容の原則 利用目的に沿ったもので，かつ，正確，完全，最新であるべき	○正確かつ最新の内容に保つよう努めなければならない。(19条)
○安全保護の原則 合理的安全保護措置により，紛失・破壊・使用・修正・開示等から保護するべき	○安全管理のために必要な措置を講じなければならない。(20条) ○従業者・委託先に対し必要な監督を行わなければならない。(21条・第22条)
○公開の原則 データ収集の実施方針等を公開し，データの存在，利用目的，管理者等を明示するべき ○個人参加の原則 自己に関するデータの所在および内容を確認させ，または異議申立てを保証するべき	○取得したときは利用目的を通知または公表しなければならない。(18条) ○利用目的等を本人の知りうる状態に置かなければならない。(25条) ○本人の求めに応じて保有個人データを開示しなければならない。(25条) ○本人の求めに応じて訂正等を行わなければならない。(26条) ○本人の求めに応じて利用停止を行わなければならない。(27条)
○責任の原則 管理者は諸原則実施の責任を有する	○苦情の適切かつ迅速な処理に努めなければならない。(31条)

※各義務規定には適宜除外事由あり。条文は2020年改正後，2021年改正前のもの。

それは，個人情報保護法20条の安全管理措置が，デジタル情報へ対応する規定になっていることである。

何億件もの情報が一度に漏れかねないネット流出は，情報をデジタル化しているから可能なわけで，OECD８原則ができた1980年の時点では，ほとんど考えられていなかった。

◆ クッキーは「個人情報」か

ひと昔前までは，クッキー（cookie）と聞いても焼き菓子のことだろうくらいにしか考えなかった。それが，個人データの大流通社会のいま，個人情報の保護が「データ主体」目線でどこまではかられるかを決めるキーワードになった。

「クッキー」は，ネット上の利用データのことであるが，これによってユーザーが使う閲覧ソフトごとに，どのサイトにいつ訪れたかなどの情報がわかる。

通常，クッキーは，ウェブサイト側のサーバーから利用者側のコンピュータに対し発行され，とくに利用者が設定しない限り，自動的に利用者のコンピュータに保存される。

クッキーを利用するならば，ウェブサイトを訪れた際に，ウェブ閲覧に使っているブラウザを通じて閲覧者のコンピュータ内部の記憶装置にデータを保存できる。クッキーは，数字や符号の記録でしかないが，サイト管理者側からはサイトを再訪問した利用者を個別に識別することが可能である。

こうしてクッキーによって，個別の利用者のニーズに合ったマーケティングや「ターゲティング広告」を有効に行えるようになる。

サイトの閲覧者の知らないところで無断で個人を識別する点で，クッキー利用にはプライバシー侵害のおそれがあるとの指摘がある。他方，クッキーは，利用者がブラウザの設定を適切に行うことによって無効化でき，自らの個人情報を守る手段があるのだから問題はないとする意見もある。

日本の個人情報保護法のもとでクッキーは，個人名などを含まないため，それ自体では「個人情報」にはあたらない。ただ，同法（2条）は，「他の情報と容易に照合することができ，それにより特定の個人を識別することができる」情報をこれに「含む」としている。クッキーは，他の顧客名簿などと照合すれば個人が特定できるので，この定義にあたるかどうかは微妙である。

なお，2020年の個人情報保護法改正において，「個人関連情報」に関する規定が新設された。「個人関連情報」とは，「生存する個人に関する情報であって，個人情報，仮名加工情報及び匿名加工情報のいずれにも該当しないもの」をいい（改正法26条の２第１項括弧書），改正「個人情報の保護に関する法律についてのガイドライン（通則編）」は，これに該当する事例として，「Cookie等の端末識別子を通じて収集された，ある個人のウェブサイトの閲覧履歴」を挙げる。

そのため，改正法施行後，第三者がクッキーを個人データとして取得する（ことが想定される）ときは，「個人関連情報」に関する規定が適用される。

EUのGDPR（一般データ保護規則）では，特定可能な自然人（データ主体）に関するすべての情報を「個人データ」としている。これに含まれる情報として，「オンライン識別子」を明記している点が日本法とは異なる。クッキーはIPアドレスと共にこの「オンライン識別子」に含まれるとされている。とはいえ，具体的にクッキーを規制するのは，GDPRの特別法として，EU理事会での審議が続いているｅプライバシー規則によってである。

EUでは，利用者の端末装置からクッキーに関する情報を読み取るに際して，どこまで利用者の同意が必要となるかの視点で，従来，同規則が制定される前のｅプライバシー指令の時代から，具体的な検討をしてきた。ショッピングカートの履歴情報などは，利用者がクリックをすることでユーザーインプット・クッキーとして同意を不要とするのに対し，ソーシャルプラグインやターゲッティング広告のためのクッキーについては明示的な同意を必要とするなどである。

GDPR対応としてクッキーのポップアップ表示を検討している日本企業が増えてきた。現行のｅプライバシー「指令」が「規則」に変わるとクッキー規制の内容がどう変わるかを十分に見極めなくてはならない。

これを受けて加盟国のうちフランスの規制当局は，同年末に「クッキーの提供先を利用者に通知しなければならない」とする指針を示し，2019年１月には，規則違反を理由に，アメリカのＧ社に，69頁に紹介のとおり，62億円相当の制裁金支払いを命じた。

日本企業には，クッキーは「個人情報」にあたらないとの前提で対応しているところがまだ多く，クッキーの提供先もほとんど示していない。

個人情報保護委員会は，罰則なしの努力目標としてではあるが，「クッキーなどが提供先でどう使われるか企業は把握して説明すべき」としている。

◆ ターゲティング広告とクッキー

ターゲット（target）は，「目標」を意味する語として日本語にもなって定着している。targetの語源に当たる語は，古期英語（OE）で，歩兵や弓手がもつ小さな円形の盾を表すtargeである。アイスランド，スカンディナビア半島，ユトランド半島で用いられた古期ノルド語ではtargaといった。

そういえば，北欧やイギリスの古い時代を扱った映画における兵士がもつ円形の盾は，弓や射撃の標的（ターゲット）を連想させる。

現代のデジタル社会における最大のターゲットは広告の“名宛人”である。これを絞り込んで狙いを定めた広告のことをターゲティング広告という。同広告を効果的に行うにはクッキーの利用が欠かせない。

単純に商品を売り込むためであっても，まったく関心のない人に向けた広告の効果は期待できない。若者向けの商品は，若者をターゲットにした広告を打ってはじめて良い結果を生むことには異論はない。

とはいえ，一口で若者といっても，それぞれの嗜好は「十人十色」といってよいのが実情である。そこで，性別や年齢，職業，趣味，交友関係などの個人情報をなるべく多く集め，“買ってくれそうな”若者層にターゲットを絞り込めれば効果的である。

そのための広告手法が「ターゲティング広告」である。ただ，この言葉で呼ばれる広告は，ネットを通じて集めたデジタルデータを利用する広告を指す。

さまざまな登録情報やサービスの利用履歴をもとに集めた大量の個人データを生かし，特定の条件を満たす層にだけネット配信をして広告するのがターゲティング広告だからである。

ターゲティング広告の旗手ともいうべき大手プラットフォーマーF社の場合，圧倒的なデータ収集力と集めたデータの分析力を誇る。20億人を超える世界のユーザーが登録する性別や学歴などの個人情報が集まるだけでなく，書き込まれる投稿や「いいね！」ボタンの利用などの膨大な情報が日々集積される。

広告主は，集めたデータに基づきF社が5万を超えるとされる諸要素でユーザーを分類し，広告を打つターゲット層を選び出せる。たとえば，30代前半，子持ち，新宿から10キロメートル圏内の持ち家に住む新婚3年目の女性くらいまでは容易に絞り込めるという。

しかし，F社は，2019年3月中旬，求人，住宅売買，信用貸しの3分野について，ターゲティング広告の機能を制限し広告配信先を絞り込めなくすると発表した。これらの分野においては，広告が差別を助長するおそれがあるからというのが制限の理由である。

それまでは，住宅の広告を「低所得者層が多い地域の住民」には広告しないことも可能であった。これでは，アメリカの連邦法が禁ずる，人を差別する広告になりかねない。すでに同国では，複数の市民団体が連邦裁判所に訴えを提起している。

逆のケースでの弊害も起こっている。それは低所得者層に向けてローンの広告がさかんに配信され，「多重債務者」を増加させるきっかけにもなったからである。

ユーザーや消費者の視点で考えると，「いいね！」ボタンを何回か押しただけで，自分の個人情報が集められ分析されて売り買いされていることに不安を感じる人は少なくないであろう。

◆ ターゲティング広告の「情報提供」「同意」要件がGDPRのもとで問題となった事例

フランスのデータ保護機関（CNIL）は，大手プラットフォーマーのアメリカG社に対し，2019年１月21日，GDPR違反を理由に，5,000万ユーロ（約62億円）の制裁金を科す決定を下した。

本件は，2018年５月にGDPRが適用開始になって以降，初めての制裁金の賦課事例である。

違反は，①G社がスマートフォンなどの利用者から個人データを取得するにあたり，データの「管理者」として，利用者への情報提供の適切さを欠いていたこと，および，②個人データの取得，処理にあたり，適切に「データ主体」の「同意」が得られていなかったことであった。

①につき，GDPR12条，13条は，「管理者」が必要な「簡潔で」「分かり易く」などの要件のもとで情報を提供するよう求めている。

CNILは，これに関して，以下の違反を認定した。

(i) 個人データの処理目的，保存期間，ターゲティング広告に利用される個人データなどの情報が，ボタンまたはリンクを複数回（情報によっては５・６回）クリックしなければ見ることができず，複数のドキュメントに分散していた。
(ii) 一部情報の明確性と網羅性が欠けており，処理範囲を容易に理解できない。
(iii) 個人データを利用するサービスの数（約20），対象個人データの量と内容から，その処理は大規模でプライバシー侵害度が高い。
(iv) 処理目的および対象個人データのカテゴリーの記載が一般的で曖昧である（したがって明確な言葉による情報提供といえない）。
(v) 一部個人データには保存期間に関する情報提供がない。

②について，GDPR４条(11)は「同意」は，「データ主体」の個々の目的別に自由意思で曖昧さなく，なされなければならないとしている。

CNILは，これに関して，以下のとおり「同意」が有効に得られていなかったと認定した。

(a)「同意する」のチェックボックスにあらかじめチェックがなされていた。
(b) ユーザーは，アカウント作成前に，サービス利用規約やプライバシーポリシーに「同意する」のチェックボックスにチェックを付けなければならないとされており，同意の対象はG社によるすべての個人データ処理の目的であった。
(c) 処理に関する情報が複数ドキュメントに分散しており，処理の範囲を容易に理解できなかった。

◆ G社事件の教訓

G社事件では，GDPRが求める情報提供の明確さなどの要件，および「データ主体」による同意が自由意思によるべきことなどの要件充足が問題となった。

日本企業は，GDPRの域外適用もあり得ることから，その要求する個人データの安全管理上の基準・ルールを遵守するように努めるべきである。

G社のケースでも，G社グループのEU内の地域統括会社にではなく，アメリカのG社に対し制裁金を科す決定が下された。その理由は，G社がEU域内で提供してきたサービスおよびそれに伴う個人データの処理は，アメリカの親会社によって行われており，「管理者」であったことによる。

日本企業が，とりわけ，「情報提供」と「同意取得」の点で，GDPRのコンプライアンスをどう心がけるべきかというと，プライバシーポリシーやサービス提供のための規約などの適正な書類作成面においてである。

EUでは，上記２つの法的要件について，それぞれ，「透明性ガイドライン」と「同意ガイドライン」を公表している。今後日本企業は，これらガイドラインを参照しながらポリシーを作成し，そのもとでしっかりした内容の規約や同意書面を作るのがよい。

8 近時の事故事例から知るネット社会のこわさ

◆ Tカード事件

日本におけるポイントカード最大手「Tカード」の運営会社が，裁判所の令状なしに会員の利用情報を捜査当局に提供していたことが，2019年1月，明るみに出た。

これに対し，ネットでは同運営会社への批判が止まず，カードを解約する一般消費者が相次いだ。国会でもこの問題をめぐって一時質疑が紛糾した。

そのため，同運営会社は2019年1月21日ホームページで謝罪する一方で，「『法令で認められる場合』を除いて，個人情報について，あらかじめご本人から同意をいただいた提供先以外の第三者に必要な範囲を超えて提供はいたしません」と個人情報保護方針を変更した。

ところが，この変更によってもネットでの「炎上」は収まらず，同年2月5日，さらに大きな「方針」の変更を発表した。公式ホームページの「お知らせ」から引用する。

「このたびのTカードの情報に関する報道を受け，弊社は，お客さまの情報のお取り扱いに関して，みなさまよりご安心とご納得をいただけるようにするため，お客さま情報のお取り扱いに関する基本方針の再検討を行っております。

つきまして，その基本方針が確定するまでの間は，捜査機関からの要請に対しては，捜査令状に基づく場合にのみ対応することといたします。」

紛糾した同年1月23日の国会質疑では，個人情報保護の基本方針をめぐって，以下のようなやり取りがあった。

立憲民主党の議員が，民間事業者の回答協力要請につき警察庁に質問したのに続き，国立国会図書館に対しても，「ユーザーの利用図書履歴の捜査機関への情報提供についていかなる方針を持っているか」と質問した。これに対し同図書館は，「令状なしの利用履歴の提供に応じたことはなく，今後も同様」と回答した。

その理由については，次のように答えている。

「利用した資料名等の利用履歴は，利用者の思想信条を推知し得るものであり，その取扱いにはとくに配慮を要するものであります。国立国会図書館は，個人情報保護および国会職員としての守秘義務等の観点から，裁判官が発付する令状がなければ情報の提供はいたしておりません。」

◆「基本方針」の重要性

「Ｔカード事件」は，個人情報の保護にとって，事業者のつくる「基本方針」の内容がいかに重要であるかを教えてくれる。

問題となったポイントカードの会員は，日本の人口の５割を超えて6,700万人を数える。じつは，著者も保有している。

そこで，完全に一ユーザーの目線でもって本流出事故の影響を考えてみることにしたい。

まず，著者も私生活で，コンビニエンスストアで買物をしたり，ガソリンスタンドで自家用車にガソリンを給油し，家族でステーキハウスでの食事に出かけたりする。

各店舗で支払いをするたびにＴカードを提示し，ポイントがたまるのを楽しみにしている。別にそれほど珍しいことでもないだろう。

とはいえ，カードの運営会社が公表した「個人情報の提供の停止対象企業一覧」を見て，さすがにショックを受けた。ふだんから“愛用”しているコンビニやガソリンスタンド，ステーキハウスの「提携先名称」が経営企業と共にずらりと並んでいたからである。

個人情報保護方針

はじめに

○○○○株式会社（以下、「当社」といいます）は、個人情報保護の重要性に鑑み、「ABC」、「DEF」を中心としたエンタテインメント事業、「Tポイント」を中心としたデータベース・マーケティング事業のほか数々のネットサービスや新たなプラットフォームサービスの提供に際して、全ての個人情報を、当社事業の内容及び規模を考慮し、適正に利用、提供及び管理するとともに正確性・安全性の保持に努めます。当社はこの個人情報保護方針を全役職員に周知徹底するとともに確実に履行し、個人情報保護に係る社会的ニーズの変化等に応じて当社の個人情報保護の管理の仕組を適宜見直し、継続的に改善して参ります。

■ 個人情報の管理、取得、利用及び提供に関して

（1）個人情報の管理

当社は、個人情報を適切に保護、管理する体制を確立し、個人情報の適正な取得、利用および提供に関する社内規程を定め、これを遵守します。

（2）個人情報の取得

当社は、個人情報を取得する場合、利用目的を明確にし、適正に取得します。 詳細は個別のサービス及びサイトにて個人情報取得時に明示した利用規約等をご参照ください。 なお、当社は他の事業者等より適正に個人情報（利用履歴含む）を取得し、「（3）個人情報の利用」に記載のとおり利用する場合があります。

（3）個人情報の利用

当社は、個人情報を、事前に明示した利用目的の範囲内で利用します。
また、他の事業者等より適正に取得した個人情報（利用履歴含む）は、以下のとおり利用します。

①ダイレクトメール、電子メールを含む各種通知手段によって、当社が有益と判断した企業のさまざまな商品情報やサービス情報をお届けします。なお、商品情報やサービス情報の停止を希望される場合は、当社指定の方法または、対応窓口にお申し出ください。

②取得した情報を、分析、集計することで傾向データやマーケティングデータを作成し、当社や他社の会員分析、商品分析等を行います。

（4）個人情報の提供

当社は、「法令で認められる場合」を除いて、個人情報について、あらかじめご本人から同意をいただいた提供先以外の第三者に必要な範囲を超えて提供はいたしません。
詳細は個別のサービス及びサイトにて個人情報取得時に明示した利用規約等をご参照ください。

なお、「法令で認められる場合」には、以下の場合を含みます。

①法令に基づく場合

②人の生命、身体又は財産の保護のために必要がある場合であって、本人の同意を得ることが困難であるとき

③公衆衛生の向上又は児童の健全な育成の推進のために特に必要がある場合であって、本人の同意を得ることが困難であるとき

④国の機関若しくは地方公共団体又はその委託を受けた者が法令の定める事務を遂行することに対して協力する必要がある場合であって、本人の同意を得ることにより当該事務の遂行に支障を及ぼすおそれがあるとき

◘ 法令等の遵守

個人情報の取扱いに関する法令、国が定める指針、その他規範を遵守します。

◘ 個人情報の管理、安全対策について

個人情報への不正アクセス、個人情報の滅失、き損、改ざんおよび漏えい等のリスクに対して適切な予防措置を講ずることにより、個人情報の安全性、正確性の確保を図ります。また、万が一、問題が発生した場合には、被害の最小限化に努めるとともに、速やかに是正措置を実施します。

◘ 個人情報保護マネジメントシステムの継続的改善

個人情報保護を適切に維持するために、個人情報保護マネジメントシステムを確立し、運用状況について定期的に監査を実施し、継続的な改善に努めます。

◘ 個人情報の苦情・相談への対応

個人情報の取扱いに関するご本人からの苦情及び相談について対応窓口を設置し、適切に対応します。

ほかにもカードを使った覚えのある小売店舗名も一覧表には載っていたので，いつどこで何を購入したかといった取引履歴の個人情報が警察に知らされていたとなると心中穏やかではいられなかった。

別に悪いことをしたのでなければいいではないかとは考えるものの，何となく気色が悪い。任意の情報提供を求めたのが税務署だったらこの運営会社はどう対応するだろうかとか，これだけ情報管理がルーズだと，自分の個人データもどこか“闇の流通市場”で売られているかもしれないとか，次々と心配ごとがふくらんでいく。

結局，情報提供先が捜査当局なので，まさか個人情報を悪用することはないだろうと気持ちを落ち着かせ，心の平穏を取り戻すことができた。

そのうえで，本件カードの運営会社がホームページで公表している上掲の「個人情報保護方針」を念のため確認してみた。

この基本方針をよく読むと，たしかに「法令で認められる場合」を除いて，本人からの事前の同意なく，事前の同意を得た提供先以外の第三者に必要な範囲を超えて個人情報を提供しない旨が明記してあった。

つづけて「詳細は個別のサービス及びサイトにて個人情報取得時に明示した利用規約等をご参照ください」とあり，さらに「法令で認められる場合」を，４つ列挙してあった。内容は，個人情報保護法23条１項に１号から４号まで列挙してあるとおりであった。

法令の内容をそのまま載せるのは，無難なやり方には違いない。とはいえ，この種の「方針」にどこまで踏み込んで，法令を超えて「データ主体」の保護を打ち出すか，そのあたりに期待して「方針」を読むユーザーは物足りなさを感じてしまうであろう。

とくに，個人情報保護法の条文は，抽象的な内容も多く，事業者が守るべき最低限のことを書いたにすぎないことも少なくない。だからこそ，委員会ガイドラインが事業者の義務内容を具体的に示しているのである。

◆ 個人データの大量ネット流出事故

海外では，何億件もの個人情報が“ビッグデータ”化して，グローバルにネット流出する事故が目立つようになった。

2017年10月３日，アメリカ検索大手Ｙ社の全利用者が作成した約30億件のアカウントの個人情報流出が判明した。同国の流出事故としては過去最大規模とされたが，その少し前には信用情報大手Ｅ社から，アメリカ国民の約半分にあたる１億4,600万人分の氏名，住所，生年月日，クレジットカード番号などが流出したばかりであった。

Ｅ社のCEO（最高経営責任者）は，ソフトの脆弱性に気づきながらその更新を怠っていたなどの責任を認める証言を米議会で行った。こうした大規模被害が続く背景には「クラウドの悪用などサイバー攻撃の支援勢力拡大がある」と見られた。

サイバー攻撃を受けるリスクを完全に排除するのは難しいが，ファイアウォールの設置，セキュリティ対策ソフトの導入・更新に加え，二次被害の防止，事実確認，再発防止策の策定などを“地道に”行っていく以外ない。

◆ データガバナンス体制の構築が重要になる

個人データの大量ネット流出事故は，大量のデータを収集し，処理する事業者が組織・グループをあげて対応しなくては防止できない。

とくに，組織・グループを率いる経営トップによる内部統制強化に向けた意識改革・決意の宣明と併せ，組織・グループの外からのガバナンス体制の整備が必要である。こうした不祥事防止に組織・グループのトップが果たす役割が大きいことに加え，「経営者の持ち物」とさえいわれる内部統制だけでは，経営者をコントロールできないからである。

ITガバナンスの延長上にある情報セキュリティガバナンス，あるいはデータガバナンスが求められるが，それぞれ国際規格ができている。情報セキュリティガバナンスの規格ISO/IEC27014，およびデータガバナンスの規格ISO/IEC38505がそれにあたる。

これら２つの規格を参考にしつつ，データ大流通時代に新たに想定されるリスクに対応するガバナンス体制を構築していくのがよい。

とくに，ISO（International Organization for Standardization：国際標準化機構）が，2017年５月に制定した「データガバナンス」規格は，２部から成り，パート１（38505-1）に対してパート２（38505-2）は事例集である。

規格パート１における内容のポイントは，データガバナンスのメリットはどこにあるかを論じた「４．データガバナンスの向上」部分にある。

メリットとして掲げられたのは，次の４点である。

- データガバナンスの実践により，データ資産の適切な導入と運用，保護と潜在的な価値の可能性の双方の責任と説明責任と明快さが確保できること
- 経営陣の責任として，データの利活用のための権限，責任および説明責任が生じること
- 組織がリスクを管理し，制約を考慮しながらデータおよび関連するIT投資から価値を得られること
- 効果的なマネジメントシステムを作り，経営者がガバナンスすべきこと

なお，データガバナンスの実践にあたっては，ガバナンスのほかに監督（Oversite）のメカニズムが必要となるとともに，データ特有の側面を考慮する必要がある。

下図は，本規格のパート１に示されたデータガバナンスの“流れ”図に番号を付すとともに訳語をつけたものである。

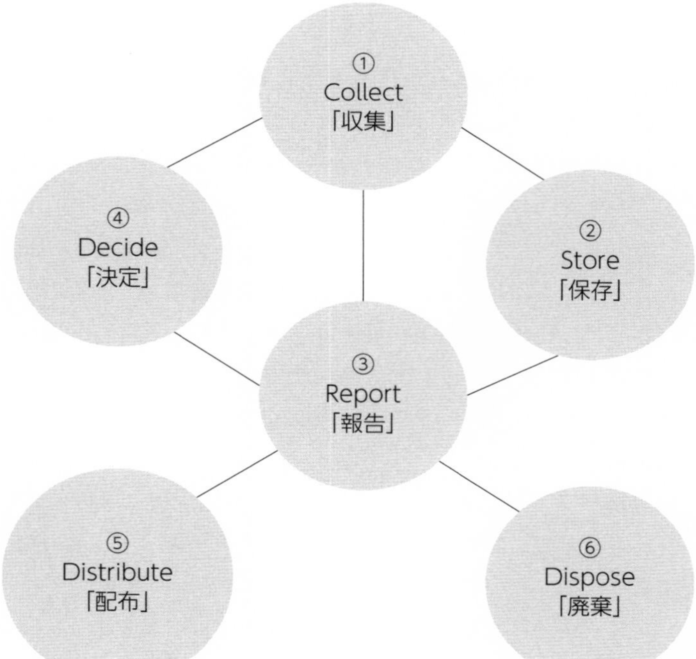

◆ クラウドサービス利用企業からの個人情報流出事故

2020年12月以降，クラウドサービスを利用するスマートフォン決済のＰ社や流通のＥ社が，個人情報流出のおそれがあると発表した。2021年２月には，岡山県のＳ社がシステムを納入する約20の自治体などで，住民の個人情報が外部から閲覧されていた事実が明るみに出た。

これらの“流出事故”の共通点は，データ管理に，米SF社のクラウドサービスのシステムを使っていたことである。SF社は，顧客情報管理業務ソフトのクラウドにおける世界最大手である。

2021年５月12日，新型コロナウイルスワクチンの接種につき，全国の複数の自治体で予約受付ができないトラブルが相次いだ。SF社で生じたシステムの障害が原因とされ，同社はシステムの修正作業の影響で通信経路を設定するソフトに生じた不具合がもとになったと説明した。

2020年12月から2021年３月にかけて起こったクラウドサービスにかかる流出事故につき，SF社は原因が「利用企業の設定が適切に行われていない」点にあるとウェブサイトで説明した。

クラウドサービスは，利用企業がアクセス権限などを適切に設定する責任を負う。設定ミスのないようにするには，利用企業の側でクラウドを“使いこなせる”人材を確保しておく必要がある。

ただ，アクセス権限を適切に再設定しようとしても，SF社のツールは，2021年２月下旬まで英語版のみの提供であったという。利用規約や設定マニュアルにおける，利用者目線での丁寧な情報発信をクラウドサービス提供企業に求める声は多い。

◆ SF社事件の教訓

SF社事件における個人情報流出の原因は，クラウド業者の責任範囲が利用者によって正しく理解されなかった点にある。

すなわち，初期設定のままだとすべての人に公開する設定になっているクラウドサービスもあるというが，その点に気がつかないまま利用していた企業が少なくなかったらしい。

本事件を契機に，2021年２月８日付で個人情報保護委員会が出した「WARNING～クラウドサービスやテレワーク環境を利用する際の個人情報の漏えいに関する注意喚起～」には，利用者による認識不足でクラウドサービス上の個人情報を誤って公開してしまうことへの〈対策例〉を以下のとおり載せている。

- 利用するクラウド毎の責任共有モデル（※）を確認し，クラウド業者の責任範囲と自社の責任範囲を正しく理解する。自社の責任範囲であるネットワーク設定（セキュリティグループ），ストレージ公開設定，オブジェクト参照権限は適切であるか確認する（業務を委託している場合は委託業者に確認を徹底させる）。
- 初期設定も含めて現状の設定内容を確認し，設定変更する必要があるかどうか確認する。

※クラウド業者側と利用者側の双方で役割を分けて，全体のセキュリティを担保しようという考え方

9 個人データ流出事故と「データ主体」の救済

◆ Bグループからのデータ流出事故

2014年７月，通信教育事業を営むＢホールディングスおよびその子会社（以下，まとめて「Ｂ社」とする）から，大量の顧客情報が流出した事実が明るみに出た。

発覚当初，流出件数は最大2,070万件と報道されたが，Ｂ社は，同年９月10日の記者会見で，3,504万件分が流出したとした。

流出した顧客情報は，通信教育サービスのためのものであり，子供や保護者の氏名，住所，電話番号，性別，生年月日などの個人情報を含んでいた。

Ｂ社は，同年９月17日，経済産業大臣に最終報告書を提出した。それによると，同社は顧客情報のデータベースの管理をグループ会社のＳ社に委託し，Ｓ社は同業務をさらに複数の外部業者に再委託したところ，再委託先の派遣社員がデータベースから顧客情報を持ち出したという。

この情報流出事故は，主に２つの法律のもとで問題とされることになった。１つが不正競争防止法であり，他の１つが個人情報保護法（個人情報の保護に関する法律）である。

情報流出が発覚した直後の2014年７月17日，警察が顧客情報を持ち出して名簿業者に販売した派遣社員を不正競争防止法21条１項１号の規定する営業秘密の不正取得罪の容疑で逮捕した。

顧客情報が「営業秘密」に該当すると判断したわけだが，同法のもとで「営業秘密」に該当し保護されるためには，①秘密として管理されていること（秘密管理性），②事業活動に有用な技術上または営業上の情報であること（有用性），および③公然と知られていないこと

（非公知性）の３要件を満たさなくてはならない。
警察が本件で迅速に逮捕に踏みきったのは，Ｂ社におけるデータベースの管理体制を見て，①の秘密管理性があることをいち早く確認したからといわれている。
一般的には秘密管理が十分なされていないと見られるケースは多い。
持ち出されたデータには，通信教育事業を行っていくうえで最も重要な情報が含まれていた。
保護者の住所宛に子供の成長に合わせてダイレクトメールを送り続けることなどで事業を拡大してきたからである。
したがって，これら顧客・個人データは同社の事業にとって欠かせない営業上の秘密情報であり，不正競争防止法による，いち早い犯人の逮捕を望んだのも無理はない。

◆ 委託元の監督体制は十分であったか

Ｂ社から流出した情報には，子供や保護者の個人情報が大量に含まれていた。こうした個人情報が，再委託先のしかも派遣社員から不正に持ち出されたとしても，個人情報保護法や民法のもとでの委託元の責任は免れない。
個人情報保護法22条が，事業者は個人情報をデータベース化した「個人データ」の「取扱いの全部又は一部を委託する場合は，その取扱いを委託された個人データの安全管理が図られるよう，委託を受けた者に対する必要かつ適切な監督を行わなければならない」としているからである。
法文だけだと事業者が具体的に何をどこまでやれば「適切な監督」を行ったことになるのか曖昧だが，個人情報保護委員会の定めた「個人情報の保護に関する法律についてのガイドライン（通則編）」は，委託先について，①安全管理措置を合理的に評価して選定する，②安全管理措置について定めた契約を締結する，および③情報の取扱い状況を適切に把握するとの３点を求めている。
さらに同ガイドラインは，「委託を受けた者に対して，必要かつ適切な監督を行っていない場合として，以下の４つの事例を挙げている。

【委託を受けた者に対して必要かつ適切な監督を行っていない事例】

事例１） 個人データの安全管理措置の状況を契約締結時及びそれ以後も適宜把握せず外部の事業者に委託した結果，委託先が個人データを漏えいした場合

事例２） 個人データの取扱いに関して必要な安全管理措置の内容を委託先に指示しなかった結果，委託先が個人データを漏えいした場合

事例３） 再委託の条件に関する指示を委託先に行わず，かつ委託先の個人データの取扱状況の確認を怠り，委託先が個人データの処理を再委託した結果，当該再委託先が個人データを漏えいした場合

事例４） 契約の中に，委託元は委託先による再委託の実施状況を把握することが盛り込まれているにもかかわらず，委託先に対して再委託に関する報告を求めるなどの必要な措置を行わず，委託元の認知しない再委託が行われた結果，当該再委託先が個人データを漏えいした場合

Ｂ社の場合，こうしたガイドラインの要請を満たしていたと見られた。同社は，委託先の会社がISMS（情報セキュリティマネジメントシステム）を取得していたからである。

このため，当時ガイドラインを所管していた経済産業省は，Ｂ社の流出事故が社会に与えた衝撃の大きさに鑑み，同ガイドラインの見直しに着手し，委託先業者の監督強化を求めた（2014年12月23日から改訂を施行）。

◆ 被害者個人はどれだけの損害賠償を受けられるか

個人情報・データの流出事故によって被害を被った個人は，損害賠償を受けることができる。とはいえ，損害賠償の額を決めるのは，容易なことではない。

個人情報が流出したことによって振り込め詐欺に遭い，100万円を欺し取られたように，直接的被害額を容易に算定できる場合もある。しかし，多くの場合は，知られたくない個人情報を漏らされたことで，いやな思いをした，あるいは，犯罪に悪用されるのではないかと不安

に駆られた程度にとどまるであろう。

このような精神的損害のことを慰謝料と呼ぶが，慰謝料は，個々人の“気持ち”の問題でもあり，個人差もあって，その額を算定するための客観的な基準，いわばものさしがない。

過去に裁判になった流出事故例のうち，最高裁判所まで争われたU市住民基本台帳個人データ流出事件（1998年）の場合で，この点を見てみよう。

U市は，乳幼児健診システムの開発を計画し，外部の民間業者に開発を委託したところ，外注先がU市に無断で住民データの打込み作業を孫請企業にさらに発注した。市役所内での作業は午後5時過ぎまでで時間的な制約が大きいため，孫請企業の開発を担当する元大学院生の男性アルバイトが市の許可を得て乳幼児健診システムに利用する住民基本台帳と外国人登録名簿の元データ，計21万7,617件分を持ち帰って行うことになった（1998年4月）。

この男性は，テレビなどで名簿の売買が金になることを知り，MO（光磁気ディスク）に約21万人分の個人データをコピーして，インターネットで見つけた大阪府の名簿屋に郵送し売却した。1999年5月13日には口座に代金25万8,000円が振り込まれた。名簿業者はインターネットに販売広告を出していたが，同月21日に指摘を受けるまで，市はまったく流出に気づかなかった。

その後，被害を受けた住民が市を訴えた。裁判では，U市において①再委託を許す場合の基準が不明確であったこと，および②個人データの持出しを許可したことなどが，その過失になるのではないかが争われた。その一方で，損賠賠償のための慰謝料額をいくらに算定すべきかが問題になった。

最高裁判所は，2002年7月11日，住民1人当たり1万5,000円の損賠賠償（うち1万円は慰謝料，5,000円は弁護士費用）の支払いをU市に命じる判決を下した。賠償総額は，約22万件で約33億円に上った。

上記B社の大量情報流出事故の場合は，どうだっただろうか。

事故後約2カ月が経った2014年9月10日，B社の経営トップが記者会見をし，被害に遭った顧客に対しては，流出情報１件当たり500円相当の金券を送付することを発表した。

このとき併せて，以後顧客データの保守・管理の外部委託をやめて2014年内に設立する子会社へ移管するなどの再発防止策も公表している。

Ｂ社の事故が起こる前にも，個人の被害者に一律500円の商品券を送付した事故例がいくつかあった。「要配慮個人情報」（法２条３項）以外の個人情報の場合，「１件当たり500円」が相場になりつつあったが，なぜ500円なのか納得がいかない人も多いのではないだろうか。

それもあってか，Ｂ社のケースでは，個人の被害者がまとまって訴えを起こした。

訴訟は，東京近辺だけでなく関西でも起こされているが，そのうちの１件は，控訴審である大阪高等裁判所の判決（平成28年６月29日）が，最高裁判所平成29年10月23日判決によって「破棄差戻」になった。

この訴訟で原告は，Ｂ社の過失による個人情報流出によって精神的苦痛を被ったと主張して，不法行為に基づき慰謝料10万円等の支払いを求めた。

個人情報としては，原告の10歳に満たない子供の氏名，性別，生年月日，住所，保護者名（原告の氏名）などを含んでいた。

第一審の神戸地方裁判所姫路支部の判決（平成27年12月２日）は，被告会社の管理する個人情報が漏えいした事実は認定したが，これがＢ社の過失によることを基礎づけるに足りる具体的事実の主張立証がないとして請求を棄却した。

原告が控訴し，大阪高裁は，概略，以下のように判示して，やはり請求を棄却した。

「自己の氏名，郵便番号，住所，電話番号及びその家族である者の氏名，性別，生年月日が名簿業者に売却されて漏えいすると，通常人の一般的な感覚に照らして，不快感のみならず，不安を抱くことがあるものと認められる。しかし，そのような不快感等を抱いた

だけでは，これを被害利益として，直ちに損害賠償を求めることはできないものと解される。そして，本件漏えいによって，Xが迷惑行為を受けているとか，財産的な損害を被ったなど，上記の不快感等を超える損害を被ったことについての主張，立証はない。」

原告が本判決に対しさらに上告受理の申立てをしたところ，前記最高裁平成29年10月23日判決が，受理の上，概略，以下のように判示して，原判決を破棄し，損害論についてもさらに審理させるために原審に差し戻した。

「本件漏えいによってプライバシーを侵害されたといえるところ，原審は，プライバシーの侵害によるXの精神的損害の有無及びその程度等について十分に審理することなく，不快感等を超える損害の発生についての主張，立証がされていないということのみから直ちに請求を棄却すべきものとしたものであり，そのような原審の判断には，不法行為における損害に関する法令の解釈適用を誤った結果，上記の点について審理を尽くさなかった違法がある。」

差戻審である大阪高等裁判所の判決（令和元年11月29日判決）は，概略，以下のように判示して，控訴人の請求を一部認容した。

「被控訴人に個人情報を開示した顧客の一人である控訴人にとって，控訴人の承諾もないままにBによって故意かつ営利目的を持って本件個人情報が流出したこと自体が精神的苦痛を生じさせるものである上，その流出した先の外縁が不明であることは控訴人の不安感を増幅させるものであって，このような事態は，一般人の感受性を基準にしても，その私生活上の平穏を害する態様の侵害行為である。」

「控訴人のプライバシー権の侵害態様，侵害された本件個人情報の内容及び性質，流出した範囲，実害の有無，個人情報を管理して

いた者による対応措置の内容のほか，本件個人情報が控訴人の子であるCの個人情報として被控訴人に対して提供されたもので，控訴人の住所・氏名・電話番号はホームページなどで開示されていたことなど，本件に顕れた一切の事情を考慮すれば，控訴人の被った精神的損害を慰謝するには1000円を支払うべきものと認めるのが相当である。」

また，東京高等裁判所は，2020年３月25日，被害に遭った顧客らを控訴人とする損害賠償請求控訴事件において，Ｂ社および委託先のＳ社に対し，共同不法行為に基づき，連帯して，被害者１人あたり3,300円の支払義務があると判示した。なお，第１審の東京地方裁判所は，Ｓ社による賠償責任は認めたが，Ｂ社に対する請求は棄却していた（平成30年12月27日判決）。

◆ ＢホールディングスおよびＢコーポレーションによる「お詫びとご説明」

Ｂ社の個人情報流出事故の場合，会社の発表した漏えい情報には，「お子様の生年月日・性別」「お客様（お子様とその保護者）のお名前（漢字およびフリガナ）」が多く含まれていた。

しかもこれらの個人情報が，通信教育講座の受講会員のものであったことから，事故後同講座の会員数は一時，激減した。会社は，「受講料の減額や，おわびの物品の送付などを検討する」としたが，何よりも求められたのは，いち早い「信頼回復」のための情報発信であった。

ＢホールディングスとＢコーポレーションが代表者名で，「各位」宛にウェブ上公表した「お客様情報の漏えいについて　お詫びとご説明」と題する2014年７月９日付文書の冒頭には，次のように書かれていた。

「このたび，Ｂコーポレーション（以下「弊社」といいます。）の

お客様情報約760万件が外部に漏えいしたことが確認されましたので，ご報告申し上げます。お客様情報が漏えいしたと思われるデータベースに保管されている情報の件数から推定すると，最大約2,070万件のお客様情報が漏えいしている可能性があります。

お客様をはじめとする皆様に，多大なご心配・ご迷惑をおかけいたしますことを，深くお詫び申し上げます。」

つづけて，「１．お客様情報漏えいの概要」，「２．漏えいしたお客様情報」，「３．漏えい発覚の時期・経緯」，「４．現状確認されている被害」，「５．原因究明の調査について」，「６．弊社のセキュリティ対策と再発防止策」（本書108頁以下参照），「７．お客様への対応について」，「８．今後の情報開示について」，および「９．業績への影響」につき，詳しい情報を収めてあった。

◆ Ｌ社事件の教訓

2021年３月，IT大手のＬ社は，システム開発を委託している中国の関連会社の従業員が日本国内の利用者の個人情報を閲覧できる状態になっていた事実を公表した。利用者への明確な説明がないまま，アプリ画像などのデータを韓国サーバーに保管していた事実も明らかになった。

Ｌ社は，個人データ保管委託先の監督体制に不備があったとして，同年４月には個人情報保護委員会と総務省から，それぞれ行政処分を受けた。後者の処分は，電気通信事業法に基づくものであった。

Ｌ社サービスを日本国内で利用する個人の情報が実際に流出したり，乱用された形跡はないという。そのため，Ｌ社は，当初，個人情報保護法違反はなかったとしていたが，Ｌ社の持株親会社ZHDの外部有識者による特別委員会は，2021年６月，検証結果などの中間報告書をまとめ，データ管理についての説明責任が欠けていたとした。

国内利用者の個人データを韓国のサーバーに保管していた点につき，政府に実態と異なる説明をしたこと，利用者に明確な説明がなかったことなどを，同報告書は重視した。

2020年の改正前の個人情報保護法は，利用者の同意があれば個人データを国外に移転することを認める。Ｌ社は，利用者向け指針において「パーソナルデータを第三国に移転することがある」旨を明記していたので，法的に問題はないとしていた。

ただ，利用者が真意に基づいて中国にデータを移転することを想定して「同意」を与えたとみられるかどうかは疑わしい。中国では，2017年施行になった国家情報法があり，国家が民間企業などに情報提供を強要できるからである。

2022年４月に施行予定の改正個人情報保護法は，移転先の国や制度を説明し，理解を得ることを「同意」の条件にする。関連して，改正「個人情報の保護に関する法律についてのガイドライン（通則編）」３－８－１は，【安全管理のために講じた措置として本人の知り得る状態に置く内容の事例】として，「個人データを保管しているＡ国における個人情報の保護に関する制度を把握した上で安全管理措置を実施」することを挙げ，「外国（本邦の域外にある国又は地域）の名称については，必ずしも正式名称を求めるものではないが，本人が合理的に認識できると考えられる形で情報提供を行う必要がある。また，本人の適切な理解と関与を促す観点から，保有個人データを取り扱っている外国の制度についても，本人の知り得る状態に置くといった対応が望ましい」とする。

この点を除いても，個人情報保護法が改正前から求める委託先の監督義務に違反するおそれは拭いきれなかった。

Ｌ社では，改正法施行前の2021年３月31日，プライバシーポリシーを改訂し，海外移転先は韓国やベトナムであることを明記した。

2020年10月18日，Ｌ社の親会社（持株会社）は，「最終報告書」を公表し，中国子会社を通じた情報漏えいの事実は認められなかったが，経営陣がリスクへの対応を怠ったことは「極めて不適切」だったとした。また，経済安全保障やプライバシー保護の責任者を置くことなどをグループ主要会社に求めた。

第2部

書式の文例と機能

1 事業者が作成すべき「書式」の種類

◆「書式」の分類

個人情報・データを事業のなかで大量に扱う事業者が用意しなくてはならない文書は，大きく3つに分けることができる。

第1グループは，個人情報・データ保護法令やガイドラインが求める「安全管理措置」のための「書式」である。

第2グループは，とくに個人情報・データの大量流出事故を起こしてしまった事業者が，事後的に作り経営トップの名で公表する「お詫び」「決意表明」の文書である。事故のない“平時”に作ることもある。

書式の分類

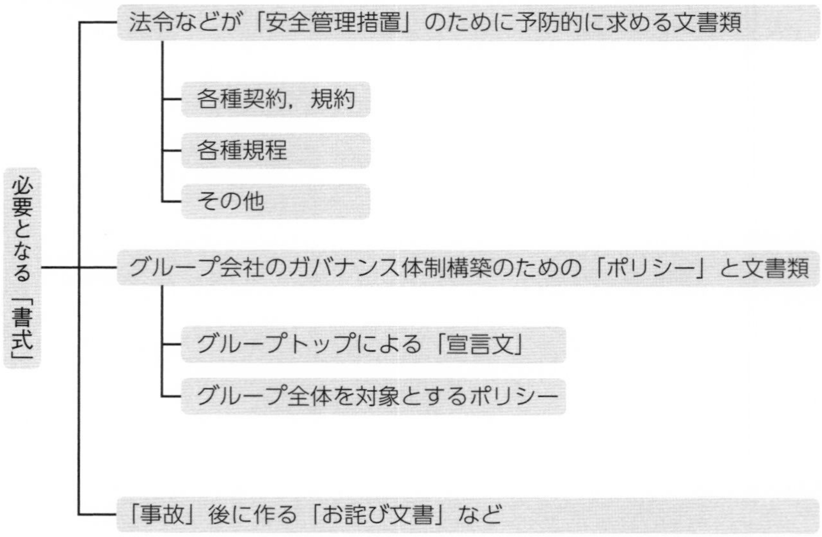

第3グループは，第1グループと第2グループの「書式」の間に立ち，いわば“橋渡し”の役割を果たす，ガバナンス体制の柱となる「ポリシー」である。企業集団全体を対象とした「グループガバナンス体制」を構築しないと不祥事は防止できないとの考えに基づく（図参照)。

「安全管理措置」のために企業はどのような書式を用意しなくてはならないか。

個人情報保護法20条は，「個人データの安全管理のために必要かつ適切な措置」を事業者に要求している。「安全管理措置」の中心に位置するのが，各種の「書式」づくりである。

そのための「書式」を，個人情報保護委員会の「個人情報の保護に関する法律についてのガイドライン（通則編)」の「⑧（別添）講ずべき安全管理措置の内容」から拾い上げると，①「基本方針」，および②「取得，利用，保存，提供，削除，廃棄等の段階ごとに，取扱方法，責任者・担当者及びその任務等について定める個人データの取扱規程」がある。

内規の体系

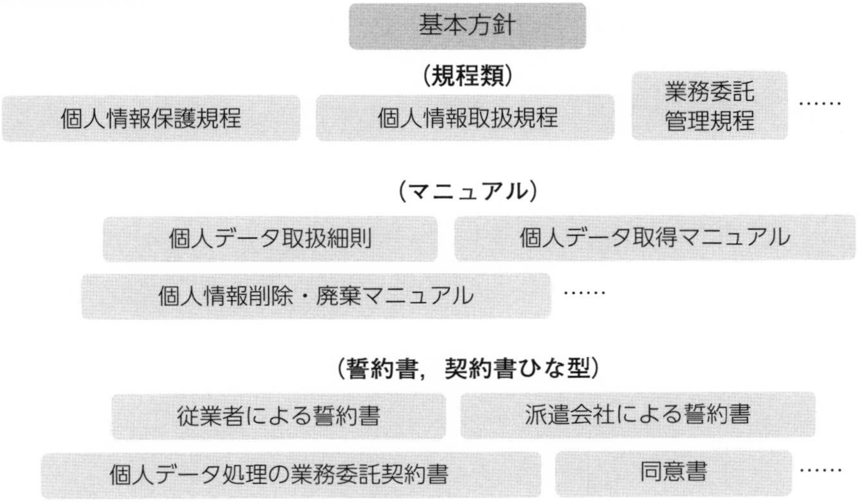

これらは，事業者が組織的に行うべき措置を規律する基準・ルール，すなわち内規である。企業規模やグループ会社の共通基準にするかどうかによって異なるが，「基本方針」を最上位に置いて，その下に「基準」としての各種規程，具体的運用手順を示した各種「マニュアル」を図のように体系づけることができる。

ただし，上記の「書式」のすべてが組織内に向けた「内規」かというと，そうではない。下段の業務委託契約書や「データ主体」本人による同意書面などは，外部の当事者との間で取り交わしたり，外部の個人に署名してもらうためのものである。

業務委託契約は，業務委託管理規程の内容と整合したものでなくてはならない。

加えて，最上段の「基本方針」は，文字どおり，個人情報保護を経営の最重要課題とする旨の憲章の形で組織内に知らしめる役割を担う一方で，対外的にこれを宣明するためにも使うことが多くなってきた。

とくに近時，グループ会社から個人データ流出事故が目立つようになっている。「安全管理措置」は企業集団内部統制の一部として，グループをあげて取り組むべき課題となった。

そのため，「基本方針」は，名称も「ポリシー」とするなどして，単体の組織を超えすべてのグループ会社を対象とする企業が増えている。

加えて，個人データの大量流出事故を起こした場合などを中心に，レピュテーションの低下を防ぐため，対外アピールの手段として，ポリシーや基本方針を活用する企業が，日本でも出始めた。

さらに，ポリシーや基本方針は，たとえばクッキーの利用に同意するポップアップ文言のなかで引用し，リンクさせるケースもよくある（164頁以下参照）。

このように，ポリシー，基本方針の役割は，大きく変化してきた。

2 行政機関によるプライバシーポリシーの“分析”

◆ 行政機関のプライバシーポリシーの“位置づけ”

個人情報・個人データの保護の重要性は，行政機関においてもあてはまる。行政機関は，むしろ率先してその保護に取り組み，民間の事業会社の手本となるべき立場にある。

以下においては，国の行政機関のプライバシーポリシー（個人情報保護方針）を，とくにクッキーの取扱いやソーシャルメディア（SNS）のボタンに関する留意事項の記載などに着目して，横断的に比較した。似通った規定の仕方が多いものの，決して同じというわけでなく，行政機関によって異なる点も見られる（なお，各種の書式については，第３部2を参照）。

◆ 各行政機関のプライバシーポリシー

比較の対象とした行政機関は，内閣官房，内閣法制局，人事院，内閣府，復興庁，総務省，法務省，外務省，財務省，文部科学省，厚生労働省，農林水産省，経済産業省，国土交通省，環境省，防衛省，および個人情報保護委員会の16省庁と１委員会である（2021年10月１日現在）。

(1) プライバシーポリシーへのアクセス

ほとんどの行政機関のホームページでは，トップページの下段に「プライバシーポリシー」または「個人情報保護方針」の文字が配置され，そこから１クリックでプライバシーポリシー（個人情報保護方針）に移ることができた。

しかし，内閣府と復興庁のホームページでは，下段の「このホームページについて」との文字から，防衛省は「運用方針・規約」との文字から入らなければならず，わかりにくい印象を受ける。しかも，内閣府と防衛省は，プライバシポリシーまで２クリック必要であった。

⑵ クッキーに関する記載

すべての行政機関において，クッキーに関する記載があった。内閣府と内閣法制局のみが，クッキーを利用していないと記載しており，それ以外の行政機関はクッキーを利用していることを明記している。

内閣府の当該規定は以下のとおりである。

> 内閣府ホームページ　個人情報保護方針
>
> ２　収集する情報の範囲及び利用目的
>
> (1)　当ホームページでは，インターネットドメイン名，IPアドレス，当ホームページの閲覧等の情報を自動的に収集します。なお，クッキー（サーバー側で利用者を識別するために，サーバーから利用者のブラウザに送信され，利用者のコンピュータに蓄積される情報）は利用しておりません。収集した情報は，当ホームページが提供するサービスを安全かつ円滑に実施するための参考として利用します。

個人情報保護委員会の個人情報保護指針が「クッキーを利用しておりません。」としていたところ，実際にはクッキーを利用していたとして訂正したという例もあることから，企業において，内閣府と同様の記載の仕方をしている場合，閲覧情報の自動収集が実際にはクッキーの利用によるものではないのか，いま一度確認する必要がある。

クッキーの利用を明記する記載がある行政機関のなかでも，たんにクッキーの利用のみを記載している例と，クッキーに「個人情報」が含まれないと記載している例がある。

〔単にクッキーの利用のみを記載している例〕

> 外務省ホームページ　プライバシーポリシー
>
> 2　収集する情報の範囲
>
> (1)　当サイトでは，インターネットドメイン名，IPアドレス，当サイトの閲覧等の情報を自動的に収集します。なお，クッキー（サーバー側で利用者を識別するために，サーバーから利用者のブラウザに送信され，利用者のコンピューターに蓄積される情報）はアクセス件数の正確な把握及びブラウザ表示機能の利便性向上等に利用することがあります。

〔クッキーに個人情報が含まれないと記載している例〕

> 総務省ホームページ　プライバシーポリシー
>
> 2．収集する情報の範囲
>
> (1)　当サイトでは，インターネットドメイン名，IPアドレス，サイト内検索のクエリ情報，その他当サイトの閲覧等に係る情報を自動的に収集します。なお，クッキー（サーバ側で利用者を識別するために，サーバから利用者のブラウザに送信され，利用者のコンピュータに蓄積させる情報）は，使い勝手の向上を目的とする内容に限定するものであり，個人情報は一切含みません。

2020年改正前の個人情報保護法下で，クッキーは「個人情報」に当たらないが，65頁に記載したように，GDPR対応により法改正でクッキーの取扱いが変わったので，その点に留意する必要がある。

クッキーの利用を明記する例のなかでも，財務省，農林水産省，国土交通省，環境省では，ブラウザの設定によってクッキーの機能を無効にできることまで記載されており親切である。とりわけ，農林水産省と国土交通省では，クッキーを無効にしても閲覧に問題がないことまで記載されており，わかりやすい。

農林水産省ホームページ　プライバシーポリシー

２．収集する情報の範囲

(1)　当サイトでは，IPアドレス，その他当サイト閲覧等の情報を自動的に取得します。

なお，アクセスログの収集及び解析を目的として，「G-○○○○」を使用しています。

G-○○○○では，クッキーを使用し，利用者の情報を収集していますが，利用者個人を特定する情報は収集していません。G-○○○○により収集される情報は，G社のプライバシーポリシーに基づき，管理されます。詳細はこちらから「G社プライバシーポリシー」（外部リンク）をご確認ください。

(2)　クッキーについて

当サイトでは，クッキーを使用しています。

クッキーは，利用者がサイトにアクセスした際に，サイトのサーバと利用者のブラウザとの間でやり取りされ，利用者のコンピュータに保存されます。

利用者はブラウザ設定から，クッキーの無効化を選択することで，アクセスログの収集を拒否することができます。

なお，クッキーを無効化しても，当Webサイトの閲覧には影響はありません。

ブラウザの設定方法は，各ブラウザのヘルプページ又は製造元へお問い合わせください。

国土交通省ホームページ　プライバシーポリシー

2．収集する情報の範囲

⑴　当サイトでは，インターネットドメイン名，IPアドレス，当サイトの閲覧等の情報をアクセスログの形態で収集します。

⑵　クッキーについて

当サイトの提供するページには，一部クッキーを使用しているページがあります。

クッキーとは，サイト提供者がご利用者のコンピューターを識別するために，サーバからご利用者のブラウザーに送信され，ご利用者のコンピューターに蓄積される情報のことで，クッキーを利用することによりご利用のコンピューターの訪問回数や訪問したページ等の情報を収集することができます。

なお，クッキーを使用してご利用者個人を識別できる情報は一切収集していません。

また，ご利用者のブラウザーの設定によりクッキーの機能を無効にすることもできます。クッキーの機能を無効にしても当サイトのご利用には問題ありません。

なお，個人情報保護委員会の個人情報保護方針は，クッキーに関して，限定的な利用と「個人情報」が含まれないことを記載するにとどめており，わかりやすさ，丁寧さの点で少々物足りない印象を受ける。

個人情報保護委員会ホームページ　個人情報保護方針

収集する情報の範囲及び利用目的

⑴　当ウェブサイトでは，インターネットドメイン名，IPアドレス，当ウェブサイトの閲覧等の情報を自動的に収集します。このうち，クッキー（サーバー側で利用者を識別するために，サーバーから利用者のブ

ラウザに送信され，利用者のコンピュータに蓄積される情報）は，当ウェブサイトが提供するサービスを円滑に実施するための限定的なものであり，個人情報は一切含みません。

(2) (1)において収集した情報は，当ウェブサイトが提供するサービスを円滑に運営するための参考として利用します。

(3) ウェブサイト上の各コーナー等において収集する情報の範囲及び利用目的については，各コーナー等において明記します。

(3) ソーシャルプラグインに関する記載

ソーシャルメディア（SNS）のボタン（ソーシャルプラグイン）をホームページに配置する場合，一部のSNSにおいては，ボタンを押さなくてもそのホームページを閲覧しただけで，ユーザーIDやホームページの情報が自動で送信されることがある。そのSNSがユーザーID等を他の情報と紐づけて「個人情報」として管理している場合，そのユーザーID等は，「個人情報」となる。

このため，個人情報保護委員会は，「注意情報」として，このようなソーシャルプラグインを利用する場合には，プライバシーポリシーなどでわかりやすく明示するなどして丁寧に対応するよう求めている（個人情報保護委員会　注意情報「SNSの『ボタン』等の設置に係る留意事項」）。

内閣府，外務省，文部科学省，農林水産省にはソーシャルプラグインに関する記載があり，とくに内閣府と外務省では，個人情報保護委員会の上記注意情報にリンクが貼られており，わかりやすい。

外務省ホームページ　プライバシーポリシー

8　留意事項

一部のソーシャルネットワーキングサービス（SNS）は，当該SNSの「ボタン」等が設置されたウェブサイトを閲覧した場合，当該「ボタン」等を押さなくとも，当該ウェブサイトからSNSに対し，ユーザーID・アクセスしているサイト等の情報が自動で送信されていることがあります。詳しくは「SNSの利用者のみなさまへの留意事項」（個人情報保護委員会ホームページ）をご覧ください。

なお，当サイトで利用している他のソーシャルメディア等のサービスのプライバシーポリシー等は，各事業者のサイト等でご確認ください。

(4) 利用目的の記載

利用目的の記載については，とくに防衛省が，情報の収集範囲と利用目的を具体的，明確に記載しており，わかりやすい。

防衛省ホームページ　プライバシーポリシー

(2) 収集する情報の範囲

a．当サイトでは，インターネットドメイン名，IPアドレス，当サイトの閲覧等の情報を自動的に収集します。

なお，クッキー（サーバ側で利用者を識別するために，サーバから利用者のブラウザに送信され，利用者のコンピュータに蓄積される情報）は，利便性の向上を目的とする内容に限定するものであり，個人情報は一切含みません。

b．「新着情報配信サービス」の御利用にあたっては，メールアドレスの登録をお願いしています。また，年齢及び職業について，任意に登録をお願いしています。

c．「御意見箱」のコーナーの御利用にあたっては，御意見等の記入をお願いしています。この際，原則として御意見等に氏名，生年月日，年齢，住所，電話番号，職業など（以下「利用者属性」という。）を御記入いただく必要はありません。

なお，差出人のメールアドレス及び任意に御記入いただいた利用者属性は受信者側に表示されます。

d．広報イベント等の参加申込受付，アンケートの実施等事柄の性質上必要な場合には，氏名，生年月日，年齢，住所，電話番号，職業，その他所要事項の登録をお願いすることがあります。

⑶　利用目的

⑵－aで収集した情報について

当サイトが提供するサービスを円滑に運営するための参考として利用します。

当サイトでは，G社が提供しているサービスを採用しており，これらの情報を利用しています。

○サイトの利用状況を把握するためにGoogle Analyticsを利用しており，クッキーを利用して利用者の情報を収集します。

○フォームへ投稿されるスパムなどからサイト（原文ママ）守るためにreCAPTCHAサービスを利用しており，IPアドレスの取得を含むその他のデータをこのサービスのために収集します。

詳細については，以下をご覧ください。

G社のサービスを使用するサイトやアプリから収集した情報のG社による使用

G社プライバシー ポリシー

⑵－bで収集した情報について

「新着情報配信サービス」によるメール配信のために使用します。任意に登録いただいた年齢及び職業については，ホームページの製作に当たっての参考として利用します。

⑵－cで収集した情報について

御意見等については，任意に御記入いただいた利用者属性も含めて今後の施策立案の参考とさせていただきます。このため，御意見等の内容に応じ，防衛省内の関係機関，関係部署に転送します。また，返信を行う場合もあることから，御意見等を防衛省内の関係機関，関係部署に転送する際にメールアドレスについても併せて転送します。
⑵－dで収集した情報について
当該広報イベント等を円滑に実施するため必要な場合に限って利用します。

⑸ 16省庁と1委員会の一覧表

16省庁と1委員会のプライバシーポリシー（個人情報保護指針）を表にまとめると，次頁のようになる。

	WEBトップページからのクリック数	クッキーに関する記載	クッキーに個人情報含まないとの記載	クッキー無効化の選択に関する記載	ソーシャルプラグイン注意書き
内閣官房	1回	○	×	×	—
内閣法制局	1回	○	○	×	—
人事院	1回	○	○	×	—
内閣府	2回	○クッキー利用無	×	×	○
復興庁	2回	○	○	×	—
総務省	1回	○	○	×	—
法務省	1回	○	○	×	—
外務省	1回	○	×	×	○
財務省	1回	○	○	○	×
文部科学省	1回	○	×	×	○
厚生労働省	1回	○	○	○	—
農林水産省	1回	○	○	○	○
経済産業省	1回	○	○	×	○
国土交通省	1回	○	○	○	—
環境省	1回	○	○	○	—
防衛省	2回	○	○	×	—
個人情報保護委員会	1回	○	○	×	—

［注］「—」はソーシャルプラグインの使用がなく，注意書きもないものをさす。「×」はソーシャルプラグインの使用があるにもかかわらず，注意書きがないものをさす。

3 個人データ管理の内部統制・ガバナンスに必要な文書，規程など

◆ 内部統制，ガバナンスと文書化・記録化

(1) 内部統制の法令による要求

およそ人間がつくる組織が何らかの目的をもって活動しようとすれば統制が必要になる。サッカーのようなスポーツにたとえるならば，強いチームは例外なく攻めと守りの両面においてバランスよく統率がとれている。

企業であっても，やはり，収益・業績を向上させ，競争を勝ち抜いていくには，組織内部の統制をしっかりしなくてはならない。それだけではなく，リスク管理体制を整備し，“失点”を防ぐため，守りの内部統制を固める必要がある。

競争力のある優良企業は，“攻め”と“守り”のバランスがとれているものだ。だが，実際には，利益追求最優先で突っ走るあまり，粉飾決算などの法令違反を起こした大企業もあった。

近年目立って増えてきた「データ偽装」や粉飾決算といった不祥事は，消費者や一般投資家に多大の被害をもたらしかねない。コンプライアンス体制がしっかりしていないとすぐわかる事業者からは，消費者も商品を買わなくなりがちである。

個人データが大量に流通する世の中，一度個人情報の流出事故に遭って“いやな思い”をした人は，二度とそうした事業者に自分の個人情報を預けようとはしないであろう。消費者や個人の目線で見て“危なっかしい”事業者は，やがて顧客を失っていく。

そうなると，法律が要求する以前に，みずからすすんで“守り”の内部統制とガバナンスを整備し，消費者や個人にアピールしていくのが最善になる。

世に優良とされるような企業であれば，法律で強制されるまでもなく，すすんで「攻め」の内部統制は整備する。しかし，ともすると「守り」の面がおろそかになって消費者や一般個人に多大の迷惑をかける事態を招いてしまう。そこで，法令は，事業者に「守り」の内部統制を法令でもって強制することにしたのである。

対象となった法分野で代表的なものは，「財務報告の適正性を確保する」ための金融商品取引法のいわゆるJ-SOXと呼ばれる部分である。個人情報保護法のもとでは，ガイドラインが具体的に個人データ管理内部統制を要求している（「個人情報の保護に関する法律についてのガイドライン（通則編）」3－4）。

また，会社法は，ひろく「大会社」に対して内部統制の整備を求めている。

法令が求める内部統制は，体制・システムとして構築，運用する必要がある。「データ管理責任者」やコンプライアンス・オフィサーを組織的に配置するといった静的な面からだけ成るのではなく，むしろより重要なのは，Plan「計画」→Do「実行」→Check「是正，改善」→Action「経営者の行動」のいわゆるPDCAサイクルを動的に回すことである。

(2) 内部統制と一体となったデータガバナンスと「書式」

2018年3月，一気に明るみに出たIT大手のF社による5,000万人分の個人情報不正流出事故の場合，同年3月26日付の現地の主要紙上で，同社の最高経営責任者（CEO）が，次のような意見広告を載せて注目を集めた。

「当社にはみなさんの情報を守る責任がある。もしそれができないのであれば当社には情報を受け入れる資格がない」“We have a responsibility to protect your information. If we can’t, we don’t deserve it.”

GAFAの一角を占める大手プラットフォーマーのトップがいち早く，明確に謝罪をしたのはなぜだろうか。それは，「データ主体」によるレピュテーションの低下を何よりおそれたためであろう。

データ取引社会にあっては，その主権者にあたる「データ主体」に見放されるのが最もこわい。ポイントカードの会社の会員がこぞって退会したら事業が立ち行かなくなるのは目に見えている。

「データ主体」の信頼をつなぎとめておけるかどうかは，預けてもらった個人データを流出などさせないように組織をあげて取り組む姿勢をどれだけアピールできるかにかかっている。

こうした不祥事を防止するための体制は，内部統制システムとして，個人データに関しても法令の要求するところになっている（103頁以下参照）。

ただ，この内部統制には大きな弱点がある。それは，経営者とくに経営トップのルール無視に対して内部統制それ自体が“無力”化する点においてである。

内部統制は「経営者の持ち物である」とよくいう。文字どおり組織内部の“内向きで下向き”の統制システムに終始する限り，組織を動かすリーダーを統制するのは無理である。

リーダー，すなわち企業でいえば経営陣の行動は，組織外部からするコントロール，すなわちガバナンス体制の構築によって実現するしかない。内部統制とガバナンスが一体となったリスク管理体制が求められる所以である。

個人データの大量ネット流出事故の場合は，組織をあげて，全社的に防止体制構築に当たらなくては発生を防ぐことはできない。

加えて，ガバナンス体制強化の視点からも重要なのが経営トップの関与である。企業経営における最大の対応課題として個人データ保護を位置づけ，リーダーとして先頭に立ち，そのための施策を実践していかなくてはならない。

さらに，経営トップとしては，こうした関与について，みずから「決意表明」に近い，「宣言文」を組織内外に公表し示すのがよい。ガバナンス上の問題でもあるので，法令が要求することに応えてというよりも自主的に行うのでなくてはならない。

何よりもトップの「決意表明」的宣言が重要なのは，「データ主体」に安心感を与え，信頼をかち取ることに直結する点である。

◆ 内部統制，ガバナンスと一体となったリスク管理体制構築のプロセスと書式例

(1) 経営トップの意識改革と「宣言書」の策定

個人データの流出事故を防止するためには，事業者が組織・グループをあげて，経営の変革に取り組まなくてはならない。

そのために最も重要なのは，経営トップの意識改革である。組織・グループのリーダーとしてその先頭に立って意識を改め，個人情報の重要性を従業員一人ひとりに認識させることである。

たとえば，社長が年頭のあいさつのなかで口頭で全社員に向けてこのことを伝えるのも有効である。ただ，併せて，文書にしてwebサイトにも載せるなどを行うのがよい。こうすることによって，組織・グループの外にも個人情報・個人データの保護に向けた経営者の“決意”をアピールできるからである。

「宣言書」は，短くてもよいのでわかりやすさを第一に，以下のような経営トップの名のもとにおける宣言文を冒頭に入れるのがよい。

(2) 「宣言書」の内容

内容的には，個人顧客など各「データ主体」の基本的人権を守る姿勢を強く示すようにする。

この問題に取り組む経営トップの姿勢をアピールするのが本文書の最大の目的だからである。

個人データのネット流出を防止するためには，グループ会社のガバナンスが問われなくてはならない。グループ内でデータ処理の業務委託が行われ，同委託先から個人情報が流出するケースも少なくない。

そこで，グループ会社を統括する純粋持株会社の経営トップ（CEO）

が，グループ経営の最重点課題として顧客などの個人情報保護を前面に打ち出すのがよい。

純粋持株会社による統括形態をとっていなくても「企業集団内部統制」に責任を負うべき親会社の経営トップ（CEO）として，子会社を含む個人データ管理内部統制を宣言対象に含めるべきであろう。

弊社は，お客様の個人情報がお客様にとって重要な守るべきものであるとともに，弊社にとっても重要な経営情報であると認識しております。

弊社は，お客様の個人情報を適切に守り，お客様との信頼関係を損なわないために，下記のことをここに宣言します。

記

1．個人情報の取り扱いに関する基本方針および規程類を明確にし，就業者に周知徹底すること。また，取引先等に対しても適切に個人情報を取り扱うように要請すること。

⋮

以上

20　　年　月　日

株式会社××××

代表取締役社長△△△△

---

4 「事故」後の「お詫び文書」など

◆ 流出事故後の謝罪文

2018年に大きな個人データの流出事故を起こした大手プラットフォーマーのＦ社の経営トップ（CEO）が事故直後に「データ主体」に対する謝罪の意を表明したことは前述した（104頁以下参照）。

その後同社は，個人データの幅広い共有を成長源としてきたそのビジネスモデルの基本方針を変える試みに取り組んだ。

その結果，同社CEOが，2019年３月６日「オープンよりもプライバシーを最優先する」との方針・戦略を公表するに至った。具体的には，不特定多数への情報発信を重視するやり方から，仲間内の交流を軸にしたサービスに移行していくようめざす，としている。

不特定多数への個人データの発信を通じて「個人データの大流通社会」をリードしてきた同社であるが，そうした社会における「主権者」の「基本権」を改めて確認する内容になっている。

本書79頁以下で，裁判例とともに紹介したＢ社事件において，Ｂグループを統括するＢホールディングスおよびＢコーポレーションの経営トップ（CEO）が事故発覚直後に，連名で「お詫びとご説明」と題する文書を公表した。

同文書には，「６．弊社のセキュリティ対策と再発防止策」が以下のように書かれている。

> 弊社は，ISMS（情報セキュリティマネージメントシステム）を取得しているグループ会社Ｓ社でシステム運用を行っております。また，個人情報の取り扱いについては，社員全員への教育を行い，各組織に個人情報責任者を設置する等，運用ルールの徹底を図っております。加えて，定期的

な外部監査も受け，プライバシーマークを取得する形で個人情報を取り扱っております。

しかし，弊社の特定のデータベースから情報が漏えいしたことは事実であり，早急な原因究明とともに今後，セキュリティを強化するため，以下の対策を講じてまいります。

〈今回情報が漏えいしたデータベースについての再発防止策〉

- 当該データベースの稼働を停止する（対応済）。

〈抜本的な情報セキュリティ強化のための対策〉

- 全てのお客様情報を扱うデータベースについて，アクセスの監視強化と外部への持ち出しの制限の強化（アクセス権限の絞り込み，運営の厳格化，外部専門機関を活用した常時監視等）を実施する。
- 情報セキュリティ専門会社によるシステム運営プロセス監査を実施し，システムのあらゆる脆弱性を把握し，社長を最高責任者とする情報セキュリティ対策強化の特別チームにより，速やかにガバナンスの強化を含めて，取組計画を策定・実行する。

この第１パラグラフでは，本件が外部委託先からの情報流出であることに鑑み，システム運用の委託先であるＳ社がISMSを取得していること，委託元のＢ社においても安全管理体制を整備している旨を述べている。

第２パラグラフを見ると「弊社の特定のデータベースから情報が漏えいしたことは事実であり，……」として，この事実がなければいざ知らず，とのニュアンスが示されている。本件はグループ内で「外部」委託がなされており，グループ内のどのデータベースから情報が漏れようが，委託元のＢ社の責任のもとに対応がなされるべきである。この点をより明確にすべきであろう。

また，本文書の引用部分の末尾には，「速やかにガバナンスの強化を含めて，取組計画を策定・実行する」とある。ガバナンスは，組織の外からする統制・コントロールである。グループ会社のガバナンス，さらにはグループの外からするコントロールが求められているので，本文書を作成，公表したＢホールディングスの関与が欠かせない。

東京高等裁判所は，2020年３月25日，Ｂ社および委託先のＳ社に対し，共同不法行為に基づき，連帯して，被害者１人あたり3,300円の支払義務があるとした。慰謝料額の算定にあたっては，Ｂホールディングスが，漏えい発覚後直ちに調査を開始したことや情報が漏えいしたと思われる顧客に対して本文書を送付したことなどが考慮された。このように，速やかな謝罪文の公表は，慰謝料額を下げるファクターとなり得る。

◆ 個人データの大量流出と巨額の制裁金

2018年９月に発覚した，サイバー攻撃によりイギリスの大手航空会社Ｂ社から顧客データが大量に流出した事故で，GDPRに基づく措置としてイギリスの個人情報保護当局が約250億円の制裁金を科すことを検討していると報じられた（2019年７月）。

また，同当局が，2018年の秋に発覚した，ハッキングによってアメリカのホテル大手M社の顧客データが大量に流出した事故で，約113億円の制裁金を科す方針であるとの報道もほぼ同時になされた。

これらは，2018年５月のGDPR施行後を含む流出であったことから，GDPRに基づく巨額制裁金の対象となったものである。

一方，アメリカにおいても，2019年７月中旬，アメリカの連邦取引委員会（FTC）が，大手プラットフォーマーＦ社に対し，50億ドル（約5,400億円）の制裁金を科すことを決定した。

個人情報流出関連の制裁金としては過去最高額であるが，2018年３月に発覚した，最大8,700万人分の個人情報の不正流用事件に関して制裁金は課された。FTCは，本件につき反トラスト法（独占禁止法）違反の疑いでも調査を進めると報じられた。

制裁を含めIT大手企業の責任追及を強める動きを先導してきたのは，EUである。EU・GDPRの下で2019年２月，ドイツ当局は，Ｆ社の利用者からのデータ収集を，「競争法・独占禁止法で禁じる優越的地位の濫用」に当たるとして，データ収集の大幅な制限を命じた。

一方，日本の公正取引委員会が，IT大手による個人データの不適切な収集・利用を防ぐため，独占禁止法の下で「優越的な地位の濫用」として規制する指針案の内容が2019年７月に明らかになった。

なお，Ｆ社が発行をめざしているデジタル通貨をめぐっては，2019年７月にフランスで開かれたG7でも規制を求める厳しい意見が出た。

5 「従業者の監督」のために必要となる「書式」

◆ 必要な「書式」の種類

事業者は，個人データの安全管理措置を講じなくてはならない（法20条）。

関連して事業者は，個人データを取り扱う「従業者に対する必要かつ適切な監督」を行わなければならない（法21条）とされている。そのために必要な「書式」には，どのようなものがあるだろうか。

「個人情報の保護に関する法律についてのガイドライン（通則編）」３－４－３は，【従業者に対して必要かつ適切な監督を行っていない事例】として，以下を掲げている。

> **事例１）** 従業者が，個人データの安全管理措置を定める規程等に従って業務を行っていることを，確認しなかった結果，個人データが漏えいした場合
> **事例２）** 内部規程等に違反して個人データが入ったノート型パソコンまたは外部記録媒体が繰り返し持ち出されていたにもかかわらず，その行為を放置した結果，当該パソコンまたは当該記録媒体が紛失し，個人データが漏えいした場合

◆ 秘密保持契約書などの書式解説

いずれの場合においても，事業者の定める規程等遵守が決め手になっている。そうした規程等の書式の代表例として「従業者」の秘密保持契約書・誓約書があり，ほかには従業者の電子メールのモニタリング規程がある。

次頁以下に，この関連で必要となる契約書式例を示し，簡単な解説を付した。

6 秘密保持誓約書

◆ 入社時

秘密保持誓約書

私は，従業員として貴社の業務に従事するにあたり，下記の事項を遵守することを誓約いたします。

記

第1条（秘密保持義務）

貴社就業規則および貴社規程を遵守し，次に示される貴社の営業情報（以下「秘密情報」といいます。）について，貴社の許可なく，いかなる方法をもってしても，開示，漏えいまたは業務目的以外で使用しないことを約束いたします。

(1) 業務に関し秘密とされた情報
(2) 顧客に関する情報
(3) 以上のほか，上司から特に秘密として指定された情報

コメント

本書式は，入社時における差し入れ方式になっているが，「誓約書」の形をとった，従業員との秘密保持契約である。

そこで，本条の冒頭には，従業員が遵守すべき就業規則，諸規程を引用している。会社によっては，個人データの取得などの取扱いについての規程を定め，DPO（データプロテクション・オフィサー）の責任のもとで個人データの安全管理を図ろうとしている。

「秘密情報」として流出を防止し最も保護しなくてはならないのがデジタル化した個人の顧客情報である。秘密保持のターゲットをもっとここに絞り込んでもよい。

第２条（秘密の報告等）

⑴　秘密情報についてその創出または得喪に関わった場合にはただちに貴社に報告いたします。

⑵　秘密情報については，私がその秘密の形成，創出に関わった場合であっても，貴社業務遂行上作成したものであることを確認し，当該秘密の帰属が貴社にあることを確認いたします。

⑶　前項の場合，当該秘密情報について私に帰属する一切の権利を貴社に譲渡し，その権利が私に帰属する旨の主張をいたしません。

コメント

秘密情報の「創出または得喪」として大きいのは，個人データを集め“ビッグデータ”化して取引に供するような場合である。そのもたらすメリットとリスクの大きさに鑑み，企業は従業員のこうした業務への関与を常に知っておかなくてはならない。

第３条（在職中のメールモニタリングの同意）

貴社の情報システムおよび情報資産の一切が貴社に帰属していることを理解し，貴社が情報システムおよび情報資産の保護のために必要であると認めた場合には，私の電子メール等を私に断りなくモニタリングすることがあることを承知し，これに同意いたします。

コメント

電子メールを通じた個人データのハッキングやネット流出防止は極めて重要である。そのため，このような条項を「誓約書」に入れるのと並行して別に「モニタリング規程」を設けるのがよい。

第４条（退職時の秘密情報等の返還）

当社を退職することになった場合は，その時点で私が管理または所持している貴社の秘密情報および記録媒体の一切を退職時までにすべて私の上司に返還し，返還以後は，私の手元には秘密情報および記録媒体は一切残存していないことを誓約いたします。

コメント

退職時のデータ・情報類の返還義務は当然のこととして，加えてデータへのアクセス権限の返上も定めておくのがよい。

第５条（退職後の秘密保持）

秘密情報については，貴社を退職した後においても，開示，漏えいまたは使用しないことを約束いたします。

コメント

退職後も，同様に残存アクセス権限の濫用などを厳に戒めるのがよい。

第６条（損害賠償および刑事告訴）

本誓約書に違反して貴社に損害を与えた場合には，貴社は私に対し懲戒解雇などの懲戒処分，損害賠償請求，刑事告訴などの法的措置をとる場合もあることを十分に理解し，本誓約書を遵守することを誓約いたします。

コメント

個人データは，現代社会における“宝の山”である。これを流用したり盗み出したりするのは，重大な犯罪行為にもなり得ることをよく従業員に理解してもらう必要があり，この条項の意義はそこにある。

年　　月　　日

住所

氏名

〇〇株式会社

代表取締役〇〇〇〇殿

◆ プロジェクト参画時

秘密保持誓約書（プロジェクト参画時用）

私は，この度，貴社○○プロジェクト（以下「本件プロジェクト」といいます。）に○○担当者として参画するにあたり，私が貴社入社時に誓約した秘密保持に関する誓約書を遵守するとともに，下記事項を誓約いたします。

コメント

企業における，たとえば個人顧客獲得のための個人データ作成のプロジェクトに参画するような場合には，広く従業員に入社時差し入れてもらう誓約書とは別にこれを差し入れてもらうのがよい。

人事部など従業員の個人情報に多く接する部署に配属になる際にも似たような内容の“応用版”誓約書を入れてもらうことが考えられる。

記

第１条（秘密保持）

私は，貴社の許可なくして，社外はもちろん貴社従業員で本件プロジェクトに直接関与していない者に対しても，次の事項の情報（以下「秘密情報」といいます。）を開示，漏えいし，または自ら使用しないことを約束いたします。

⑴　貴社において本件プロジェクトが遂行されている事実
⑵　本件プロジェクト参加により，知り得た別紙記載の一切の情報
⑶　以上のほか，貴社が特に本件プロジェクト秘密保持対象として指定した情報

コメント

本条の規定は，秘密保持のターゲットを絞り込む意味をもつ。「別紙」も使いながら，なるべく具体的に書くのがよい。

第２条（公表後の秘密情報）

私は，本件プロジェクトの結果が公表された後といえども，未公表の部分については，前条記載の秘密情報を，貴社の許可なくして，社外はもちろん貴社従業員で本件プロジェクトに直接関与していない者に対しても，開示，漏えいし，または自ら使用しないことを約束いたします。

コメント

プロジェクトの「結果」が公表されただけでは，具体的な個々のデータの価値が失われるわけではない。この点を確認的に書いている。

第３条（秘密の譲渡）

第１条記載の秘密情報については，私がその秘密の形成，創出に携わった場合であっても，貴社業務上作成したものであることを確認し，当該秘密に関する一切の権利が貴社にあることを確認いたします。また，当該秘密に関し私に帰属する一切の権利を貴社に譲渡し，貴社に対し当該秘密が私に帰属する旨の主張をいたしません。

コメント

プロジェクトによっては，データ作成，処理などの結果，著作権など知的財産権が発生し得るので，この点につき確認している。

第４条（資料の返還等）

私は，前各条を遵守するため，本件プロジェクト参加の過程で，貴社により，保管を厳重に行うことを約束し，貴社により返還を要求された場合，または，私が本件プロジェクトからその理由を問わず離脱した場合は，これらの資料およびそのコピー並びにそれらに関係する資料の一切を直ちに返還することを約束いたします。

コメント

返還義務に関しては，やはりアクセス権限の返上が重要である。

第５条（退職後の秘密保持）
貴社を退職した後といえども，第１条記載の秘密情報を開示，漏えいまたは使用しないことを約束いたします。

コメント
退職後の守秘義務に加え，一定期間の競業他社への転職禁止などを定める例は多いが，内容次第では憲法22条１項違反になることもあり得る。

年　　月　　日

住所
氏名

○○株式会社
代表取締役○○○○殿

◆ 退職時

秘密保持誓約書（退職時用）

私は，この度，貴社を退職するに当たり，以下の事項を遵守することを誓約いたします。

第1条（定義）

本誓約書における次の各号に掲げる用語の定義は，当該各号に定めるところによります。

(1) 営業秘密とは，秘密として管理されている生産方法，販売方法，その他の事業活動に有用な技術上または営業上の情報であって，公然と知られていないものをいい，具体例としては，別紙〔省略〕営業秘密リストに記載されているものであると理解しています。

(2) 顧客情報とは，貴社の顧客に関する，生存する個人に関する情報であって，当該情報に含まれる氏名，生年月日その他の記述等により特定の個人を識別することができる個人情報（他の情報と容易に照合することができ，それにより特定の個人を識別することができることとなる情報を含みます。）および法人情報をいい，具体例としては，顧客管理データベース等であると理解しています。

コメント

本条では，本誓約書に出てくる「営業秘密」および「顧客情報」の定義を定めている。

第２条（秘密保持の確認）

私は，貴社を退職するにあたり，在職中に知り得た貴社の営業秘密および顧客情報（以下「秘密情報」といいます。）に関する資料等一切について，原本はもちろん，その複製物および関係資料等を貴社に返還し，自ら保有していないことを確認いたします。また，秘密情報について，いかなる方法においても，開示，漏えいまたは使用しないことを誓約いたします。

コメント

Ｂ社個人データ流出事件では，Ｂ社の公表した再発防止策の内容には，「アクセスの監視強化」「アクセス権限の絞り込み」が入っていた（109頁参照）。退職後も担当者のアクセス権限が残存することがないように徹底することは重要である。

第３条（秘密情報の帰属）

私が貴社の営業秘密の形成・創出に関わった場合であっても，貴社が業務遂行上作成したものであり，当該形成・創出にかかる営業秘密は貴社に帰属し，貴社に対し営業秘密が私に帰属する旨の主張を一切いたしません。

コメント

個人データなどの情報資産の財産的価値は大きく，知的財産権の対象になることも考えられる。

第４条（退職後の秘密保持）

秘密情報について，貴社退職後においても，私自身のため，あるいは他の事業者等の第三者のために，貴社に許可なく開示，漏えいまたは使用しないことを誓約いたします。

コメント

退職時に，個人顧客情報・データを持ち出し，転職先に持ち込むなどしてトラブルになる例は多い。本条では，そうした行為の防止を目的としている。

第５条（競業避止）

貴社退職後２年間，貴社の勤務中に知り得た秘密情報を基に，貴社と競合関係にある会社を設立すること，これに勤務すること，その他一切の競合的または競業的行為をいたしません。

コメント

本条には退職後の競業他社への転職制限が内容に入っているが，内容次第では，転職の自由を保障した憲法22条１項違反になることもあり得る。

第６条（損害賠償および刑事告訴）

本誓約書に違反して貴社に損害を与えた場合には，貴社は私に対し損害賠償請求,刑事告訴などの法的措置をとる場合もあることを十分に理解し，本誓約書を遵守することを誓約いたします。

年　　月　　日

住所

氏名

○○株式会社

代表取締役○○○○殿

◆ 派遣従業員用

秘密保持誓約書（派遣従業員用）

Ａ商事株式会社（以下「Ａ商事」といいます。）に派遣従業員として派遣された○○（以下「エンジニア」といいます。）は，秘密保持義務について以下の内容を了解のうえ，末尾に署名します。

第１条（秘密保持義務）

エンジニアは，派遣元であるＢ人材派遣株式会社の就業規則に関する条項を遵守するとともに，本誓約書に定めるところに従って，Ａ商事の営業機密及び顧客情報（以下「秘密情報」という。）を厳に秘密として保持するものとする。

コメント

派遣労働者は，派遣会社の従業員であって派遣先企業と直接の契約関係には立たない。

そのため，誓約書の「宛先」は書き入れておらず，派遣会社が受け取り，この写しを派遣先企業に渡すなどはよく行われている。

個人情報保護法のもとで，個人情報取扱事業者は「従業者」を監督しなくてはならないが，「従業者」には，雇用関係にある従業員（正社員，契約社員，嘱託社員，パート社員，アルバイト社員等）のみならず，取締役，執行役，理事，監査役，監事のいわゆる役員や派遣労働者も含まれる。

第２条（秘密情報）

本誓約書において秘密情報とは，Ａ商事が保有する技術上または営業上の情報であって公然と知られていないものおよびＡ商事の顧客に関する情報をいい，以下に例示する情報を含む。

(1)　Ａ商事の製品やサービス等に関する情報

(2)　Ａ商事の営業・財務・人事等に関する情報

(3)　Ａ商事の取引先や顧客等に関する情報

(4)　A商事の従業員や役員等に関する情報
(5)　A商事が他社との契約や法律において秘密として保持することが義務付けられた情報，または各種ガイドラインにおいて秘密として保持することが要請される情報
(6)　上記の他，A商事が秘密情報として管理し，または秘密として指示した情報

コメント

いまは，リスクの大きさに照らし，秘密情報のなかで「個人（顧客）データ」が大きなウェイトを占める。

第3条（秘密の保持）

1　エンジニアは，秘密情報を厳に秘密として保持し，目的・態様の如何を問わず，秘密情報について，漏えい，開示，頒布，使用，複製，または保存をしてはならない。但し，エンジニアのA商事における職務において必要な場合，およびA商事から明示に許諾がなされた場合を除く。
2　秘密情報に該当するか否か疑問が生じた場合，速やかに配属部署の所属長に照会し，その決裁がなされるまでの間，当該情報を秘密情報として取扱う。
3　エンジニアは，秘密情報の漏えいまたはその可能性を了知した場合，速やかに配属された部署の所属長に報告する。
4　エンジニアは，A商事が要請する場合，随時，秘密情報が含まれた資料をA商事の指示するところに従って返還または廃棄するものとし，廃棄した場合には，その旨の証明書をA商事に対する交付とする。

第4条（秘密保持義務に関連する事項）

エンジニアは，A商事の定める関連規程や手続きを遵守する。これには，以下に例示するものを含む（これらの改訂版を含む。）。
(1)　秘密管理規程　(2)　秘密文書取扱規程
(3)　コンピュータ利用規程　(4)　職務発明規程　(5)　廃棄マニュアル

コメント

個人情報保護法20条は，「個人情報取扱事業者は，その取り扱う個人データの漏えい，滅失又は毀損の防止その他の個人データの安全管理のために必要かつ適切な措置を講じなければならない。」と定める。

「個人情報の保護に関する法律についてのガイドライン（通則編）」は，かかる安全管理措置として，個人情報取扱事業者が具体的に講じなければならない措置や当該措置を実践するための手法として，個人データの取扱いに係る規律の整備を挙げる。具体的には，「取得，利用，保存，提供，削除・廃棄等の段階ごとに，取扱方法，責任者・担当者及びその任務等について定める個人データの取扱規程を策定することが考えられる。」としている。

本条５号において例示される「廃棄マニュアル」は，「個人データの取扱いに係る規律」として，個人情報を廃棄する場合の方法や責任者などについて定めた規程である。

第５条（派遣終了後の措置）

第３条の秘密保持義務は，エンジニアの派遣終了後も存続する。エンジニアはＡ商事への派遣が終了した場合，秘密情報が含まれた資料を前条第５号の廃棄マニュアルに従って返還または廃棄し，廃棄した場合にはその旨の証明書をＡ商事に対して交付しなければならない。なお，こうした資料には，秘密情報が含まれた文書や資料の一切を含み，原本であるかコピーであるかを問わず，またソフト・コピーであるかハード・コピーであるかを問わない。

コメント

派遣終了後の秘密情報の返還・廃棄については，「廃棄マニュアル」などに従った処理を明示的に要求するのがよい。

第６条（違反の場合の措置）

エンジニアは，Ｂ人材派遣の就業規則，本誓約書および第４条に記載のＡ商事の社内規程における秘密保持義務に違反した場合，Ｂ人材派遣の就業規則に定める懲戒の対象となる場合があること，および刑事・民事の法的手続きの対象となる場合があることを了解する。

コメント

とくに個人データの安全管理上の重要性を認識してもらうことと併せて，不正競争防止法の「営業秘密」侵害についての警告の意味がある。

年　　月　　日

上記の義務について了解し，下記のとおり署名，押印いたします。

○○○○㊞

7 電子メールモニタリング規程

電子メールモニタリング規程

第1条（目的）

この規程は，当社内の顧客情報および営業秘密等（以下「機密情報」という。）が従業者の電子メールの使用により漏洩することを防止するために遵守すべき事項を定めたものである。

コメント

近時，電子メールを通じた個人データの流出事故が目立つ。2015年6月に発覚した，日本年金機構からの125万件の個人情報の流出事故は，「標的型メール攻撃」によって起こされた。

そこで，従業員の電子メールについて本規程のようなルールを定め，適宜，電子メールを会社がチェックできるようにする例が増えている。

第2条（定義）

1　本規程において，電子メールとは，当社内の電子メールシステムを介してインターネットメールとして外部のメールシステムへ接続するメールをいう。

2　本規程において，従業者とは，雇用関係にある従業員（正社員，契約社員，嘱託社員，パート社員，アルバイト社員等）のみならず，取締役，執行役，理事，監査役，監事，派遣社員等，当社の組織内にあって間接直接に当社の指揮監督を受けて当社の業務に従事している者すべてをいう。

コメント

「従業者」については個人情報保護法21条のもとでの「個人情報の保護に関する法律についてのガイドライン（通則編）」3－4－3に合わせている。

第3条（電子メールの利用）

1　従業者は，当社の業務に関連してその職務の遂行の一環として電子メールを使用するものとし，私的にこれを使用してはならない。

2　従業者は，上記に従い電子メールを使用するにあたり，その内容が社会通念上倫理観・道徳観に反しないよう配慮するとともに，機密情報の保護に努めなければならない。

コメント

会社の電子メールは，会社での仕事のみに使うことができる。ただ，会社の電話と同様，個人目的の使用が一切許されないわけではない。そうなると，電子メールのモニタリングをすることでかえって従業員のプライバシーを侵害するおそれが生じてしまう。

本条には，私的使用禁止の「原則」がうたわれている。

第4条（モニタリングの実施）

1　当社は，従業者が使用する電子メールについて，1ヵ月に1度「機密情報」漏えいの有無の確認，その他セキュリティ上の理由のため，本人の許可無くその送受信記録及び件名を閲覧することができ，さらにセキュリティ管理委員会が必要かつやむをえないと認めた場合にはメールの内容を閲覧することができる（以下「モニタリング」という。)。

2　当社は，上記の場合以外においても，機密情報の漏えい，その他セキュリティ上必要があると判断した場合には，いつでも従業者が使用する電子メールについて本人の許可無くその送受信記録および件名を閲覧することができ，更にセキュリティ管理委員会が必要かつやむをえないと認めた場合にはメールの内容を閲覧することができる。

コメント

電子メールのモニタリングには，従業員のプライバシーを侵害するおそれがあるので，モニタリングの方法，実施者などについて守るべきルールがある。

経済産業省は，「個人情報の保護に関する法律についての経済産業分野を対象とするガイドライン」において，これを実施するには規定を設け次のようなルールによるべきであるとしていた。同ガイドラインは2017年５月30日に廃止されたが，参考までに以下に掲げる。

① モニタリングの目的，すなわち取得する個人情報の利用目的を予め特定し，社内規程に定めるとともに，従業者に明示すること。

② モニタリングの実施に関する責任者とその権限を定めること。

③ モニタリングを実施する場合には，あらかじめモニタリングの実施について定めた社内規程案を策定するものとし，事前に社内に徹底すること。

④ モニタリングの実施状況については，適正に行われているか監査または確認を行うこと。

この「要件」に照らし，改めて本条を見てみる。

モニタリングの実施に，１ヵ月に１度「機密情報」漏えいの有無の確認をするとしている。セキュリティ上の目的にはウイルス対策とかハッカー防止というものがあるだろうが，そこまで具体的に記載してもよい。

次にセキュリティ管理委員会が，必要かつやむを得ないと認めた場合は，メールの内容を閲覧することができるとしているが，この点を明確にしておかないとトラブルが生じる。

プライバシー侵害だとして裁判になったケースもあるので，責任者がルールに従って実行していることを明確にすべきである。

第５条（モニタリングの実施責任者）

1　前条に定めるモニタリングは，モニタリングの実施責任者として本社に設置されたセキュリティ管理委員会の監督のもと情報管理責任者（CIO）が行うものとする。

2　情報管理責任者（CIO）は前条に定めた目的を達成するためにモニタリングを行うものとし，その目的を超えてモニタリングしてはならない。

3　情報管理責任者（CIO）はモニタリングにあたり，従業員のプライバシーを不当に侵害しないよう配慮しなければならない。

コメント

本条で実施責任者は，CIO（Chief Information Officer）である。とくに，CIOという名称を使わなくてもよいが，CIOは情報全般につき権限は広くなる。CPOは，プライバシー，個人情報担当となる。

モニタリングはハッカー防止や，広くウイルス対策という役割を果たすとすればCIOでよい。

第6条（モニタリング実施に対する監査）

セキュリティ管理委員会はモニタリングの実施状況について定期的に監査責任者に報告しなければならない。セキュリティ管理委員会は，監査責任者からモニタリングの実施状況について情報の開示を求められた場合には直ちにこれを開示しなければならない。

以上

コメント

本条では，モニタリング実施に対する監査を規定している。

リスク管理の基本は，内部統制としてPlan→Do→Check→Actionのいわゆるpdcaサイクルを回すところにある（104頁参照）。そのC（チェック）に関連して，監査を通じ改善点を見出していくのは極めて重要である。

8 「委託先の監督」のために必要な「書式」

◆ 個人データの「第三者提供」についての法規制

個人情報保護法は，本人の同意なく個人データを第三者に提供してはならないとする大原則を規定する（法23条１項）。この原則の「第三者」にあたらないとする例外に外部委託の場合と共同利用の場合がある。外部委託も共同利用も，個人情報保護法のもとで，個人情報取扱事業者が個人データを「第三者」に提供する場合にあたり，いずれの場合も，個人情報が外部に出ていく点では共通する。

いずれの場合も，一定の要件のもとで「第三者」にあたらない例外になるが，狭義で，「第三者提供」といったときは，外部委託，共同利用などを除いた場合を指す。

同法のもとで，狭義の第三者提供と委託・共同利用とでは，取扱いが異なる。すなわち，前者について事業者は本人の事前同意やオプトアウトが必要になるが，後者については，これらは不要である。

その代わり，委託・共同利用については，別に定められた条件がある。委託であれば，個人情報保護法22条のもとで委託先に対して「必要かつ適切な監督」を行うことが条件となる。

共同利用の場合は，「その旨並びに共同して利用される個人データの項目，共同して利用する者の範囲，利用する者の利用目的及び当該個人データの管理について責任を有する者の氏名又は名称について，あらかじめ，本人に通知し，又は本人が容易に知り得る状態に置いている」（法23条５項３号）ことが条件になる。

◆ 外部委託先の監督のための委託契約

個人情報保護法22条は，個人情報取扱事業者に委託先を「必要かつ適切に監督しなければならない」とするのみで，何をすればこの要求を充足したことになるかは明らかではない。

そこで，「個人情報の保護に関する法律についてのガイドライン（通則編）」３－４－４は，⑴適切な委託先の選定，⑵委託契約の締結，および⑶委託先における個人データ取扱状況の把握をしなくてはならないとする。併せて，以下のような【委託を受けた者に対して必要かつ適切な監督を行っていない事例】も例示している。

事例１） 個人データの安全管理措置の状況を契約締結時及びそれ以後も適宜把握せず外部の事業者に委託した結果，委託先が個人データを漏えいした場合

事例２） 個人データの取扱いに関して必要な安全管理措置の内容を委託先に指示しなかった結果，委託先が個人データを漏えいした場合

事例３） 再委託の条件に関する指示を委託先に行わず，かつ委託先の個人データの取扱状況の確認を怠り，委託先が個人データの処理を再委託した結果，当該再委託先が個人データを漏えいした場合

事例４） 契約の中に，委託元は委託先による再委託の実施状況を把握することが盛り込まれているにもかかわらず，委託先に対して再委託に関する報告を求めるなどの必要な措置を行わなわず，委託元の認知しない再委託が行われた結果，当該再委託先が個人データを漏えいした場合

これら事例は，契約締結後の義務履行に関わっており，委託先の監督義務違反にならないようにするためにも，適切な内容の業務委託契約が前提になる。

そのためには，外部委託管理規程のもとでこれに沿った業務委託契約書を締結する必要がある。以下には同規程のサンプルと逐条解説を掲げる。

◆ 個人データ取扱委託管理規程

個人データ取扱委託管理規程

第1条（目的）

本規程は，当社グループの個人データの取扱いの委託を対象とし，個人データの取扱いを外部委託する場合の基本方針を明示し，併せて管理体制や管理方法について定める。

コメント

グループ会社も含んで単体組織外の業者に委託する場合を規律している。

第2条（委託先選定条件）

委託先の選定にあたっては，以下の事情を考慮する。

① 経営状態，安定性（売上，利益，事業内容など）

② 関連企業

③ 役員

④ 取引先

⑤ 信用度

⑥ セキュリティ対策状況（個人データの漏えいや盗用を防止するための具体的な措置が講じられているか）

⑦ 受託実績

⑧ 設備（適切に個人データを保管しうることなど）

⑨ システム環境

⑩ 委託データの取扱いにつき従業員に対する教育・研修が行われていること

⑪ 委託費と支払条件

⑫ 個人データの取扱いについての適正な監査の有無

コメント

委託先選定の考慮事項を列挙している。このほか，最後に，たとえば「プライバシーマークの取得状況」などを入れておくとなおよい。

第３条（委託先の選定）

委託先の選定にあたっては，複数の企業について調査を行い，かかる調査結果を比較検討しなければならない。

第４条（委託先との契約）

外部に委託する業務内容，委託範囲，契約金額等を明確にし，委託業務内容の重要度・機密度に応じて，安全対策上必要な事項を考慮し，契約を締結しなければならない。契約内容として以下の項目を盛り込む。

① 委託期間
② 委託者及び受託者の責任の明確化
③ 情報の漏洩防止，盗用禁止に関する事項
④ 委託契約範囲外の加工，利用の禁止
⑤ 委託契約範囲外の複写，複製の禁止
⑥ アクセス制約，アクセス権限の物理的および理論的な管理策
⑦ 作業時間，作業場所に関する事項
⑧ 装置の物理的セキュリティ対策
⑨ 再委託に関する事項
⑩ 情報の取扱状況に関する委託者への報告の内容及び頻度
⑪ 契約内容が遵守されていることの確認方法
⑫ 契約内容が遵守されていなかった場合の措置
⑬ 契約終了時の機密情報及び顧客情報の返還，消去及び廃棄に関する事項
⑭ 事故時の報告・連絡に関する事項
⑮ 事故時の責任分担に関する事項

⑯　損害賠償に関する事項
⑰　秘密保持義務に関する事項

コメント

個人データの取扱委託契約にどういった条項を規定すべきかは，「個人情報の保護に関する法律についてのガイドライン（通則編）」その他に明記されているので，それらを参考に，漏れることがないようにすべきである。

第５条（外部委託管理責任者，管理担当者）

外部委託にあたっては，情報管理担当部署内にデータ保護責任者及び管理担当者を設置しなければならない。

コメント

いまは，とくにEU・GDPRの影響もあって，DPO（データ保護責任者）を置きその下に管理担当者を設置するほうが適切である。

第６条（発注）

委託先への発注は，データ保護責任者の管理の下，契約担当部署が行うものとし，以下の項目を明確にし，要求しなければならない。
①　文書，データ，プログラム等の授受がある場合には，場所，双方の責任者，数量の把握・確認，授受文書の取り交わし等
②　作業契約書，要員表の提出
③　契約内容の遵守やデータの管理状況等についての定期的な報告書の提出
④　当社のセキュリティに関する規程の遵守についての要員全員の誓約書の徴求

コメント

発注元の契約担当部署は，データ保護責任者の管理のもとで発注すべき旨を明記している。

第７条（外部委託先の監査）

１　セキュリティ管理委員会は外部委託先の契約内容の遵守状況につき定期的に監査するものとする。

２　前項の監査を行うにあたっては，外部委託先に定期的な報告書を提出させる他，必要に応じて規程の遵守状況やデータ管理状況等を実地に立入検査等の方法により点検しなければならない。

３　前項の監査の結果，外部委託先が契約内容を遵守していないことが判明した場合，セキュリティ管理委員会の指導により，担当部署は当該委託先に対して改善すべき事項について通知する。

コメント

「セキュリティ管理委員会」の監査とあるが，いまは「データの時代」であり，データ管理内部統制の監査ができる人材養成が重要になる。

全体的に見て本規程の内容面のポイントは，委託先選定基準にあたる第２条である。個人情報保護法のもとで委託先の監督を適切に行うことは，一定の基準をクリアした委託先を選定してはじめて可能になるからである。

そのうえで，委託先の監督は，委託契約を通じて具体的に実現可能になるのである。

この「規程」における選定基準と委託契約の内容につき，個人情報保護マネジメントシステムのための規格（JISQ15001：2017）が最も適切に「指針」を示している。

同規格の「A.3.4.3.4委託先の監督」は，次のように述べている。

組織は，個人データの取扱いの全部又は一部を委託する場合，特定した利用目的の範囲内で委託契約を締結しなければならない。

組織は，個人データの取扱いの全部又は一部を委託する場合は，十分な個人データの保護水準を満たしている者を選定しなければならない。このため，組織は，委託を受ける者を選定する基準を確立しなければならない。

委託を受ける者を選定する基準には，少なくとも委託する当該業務に関しては，自社と同等以上の個人情報保護の水準にあることを客観的に確認できることを含めなければならない。

〈中略〉

組織は，次に示す事項を契約によって規定し，十分な個人データの保護水準を担保しなければならない。

a）委託者及び受託者の責任の明確化
b）個人データの安全管理に関する事項
c）再委託に関する事項
d）個人データの取扱状況に関する委託者への報告の内容及び頻度
e）契約内容が遵守されていることを委託者が，定期的に，及び適宜に確認できる事項
f）契約内容が遵守されなかった場合の措置
g）事件・事故が発生した場合の報告・連絡に関する事項
h）契約終了後の措置

組織は，当該契約書などの書面を少なくとも個人データの保有期間にわたって保存しなければならない。

139頁以下に掲げたのは，業務委託契約の例である。

マイナンバーを含む個人情報「特定個人情報」については，個人情報保護法令の適用を免れない。それどころか，個人情報保護法に対し一般法と特別法の関係に立つマイナンバー法が特則として優先適用されるため，“ふつうの個人情報”よりも厳しい規制に服さなくてはな

らない（58頁以下参照。）。

マイナンバーの取扱業務の委託に関していえば，特定個人情報の安全管理がはかられるよう必要かつ適切な監督を行わなくてはならない（マイナンバー法11条）。

必要かつ適切な監督には，①委託先の適切な選定，②安全管理措置に関する委託契約の締結，③委託先における特定個人情報の取扱状況の把握が含まれる。

個人情報保護法上の「監督義務」とマイナンバー法上の「監督義務」とは，基本的に同じ内容をもつ。

ただし，マイナンバー法上の安全管理措置に特有なものとして，個人番号を取り扱う事務の範囲の明確化や特定個人情報等の範囲の明確化，事務取扱担当者の明確化，個人番号の削除・機器および電子媒体等の廃棄がある。

委託先の監督においてもこれらの事項につき監督をしなければマイナンバー法上の委託先に対する監督を行ったとはいえない。

また，再委託についても注意すべき点がある。

個人番号関係の事務の全部または一部について委託を受けた者は，委託者の許諾を得た場合に限り，再委託をすることができる。この場合，委託者は再委託先に対して直接の監督義務を負うことはないが，委託先が再委託先を適切に監督しているかについて委託先を監督する義務があるため，間接的に再委託先に対する監督義務を負うこととなるので，注意が必要となる。

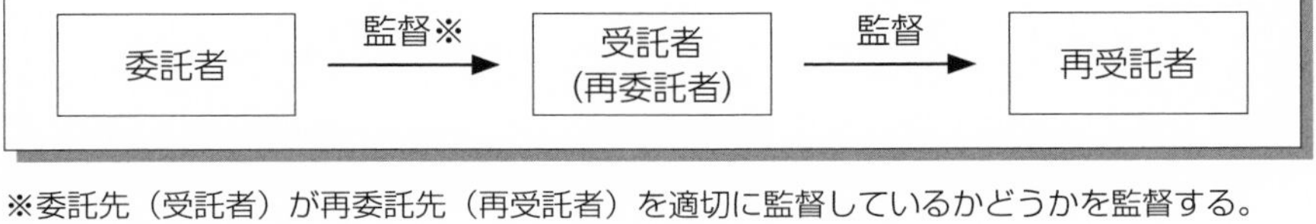

※委託先（受託者）が再委託先（再受託者）を適切に監督しているかどうかを監督する。

委託先に安全管理措置を遵守させるために必要な契約の内容としては，以下の要素を盛り込むべきである。

(1) 秘密保持義務
(2) 事業所内からの特定個人情報の持出しの禁止
(3) 再委託における条件
(4) 漏えい事案等が発生した場合の委託先の責任
(5) 委託契約終了後の特定個人情報の返却または廃棄
(6) 従業者に対する監督・教育
(7) 契約内容の遵守状況についての報告

委託先における特定個人情報の取扱状況の把握のため，委託先に対し特定個人情報の取扱状況を報告させる旨の条項を契約書に盛り込むことも考えられる。

事業者は，自ら委託契約書を作成する場合だけでなく，委託先が契約書を作成している場合であっても，以上のポイントにつき契約書の確認を行うべきである。

次に掲げた「書式」は，業務委託契約書とは別に，これに基づいて個人データの取扱いに関し特則的に作成した覚書の例もある。

法令はガイドラインなどの要求に応えきれていれば問題はないが，業務委託契約書との関係が曖昧にならないよう，位置づけを明確にすべきである。

◆ 特定個人情報（マイナンバー）の管理委託契約（金融業務）

本契約書は，銀行，保険会社，証券会社等の金融機関が，金融業務に関連して扱う顧客の特定個人情報（いわゆるマイナンバー）の収集・管理・廃棄等に関する管理業務を外部に委託する場合を想定している。

金融業務に関連するマイナンバーの適正な取扱いについては，「特定個人情報の適正な取扱いに関するガイドライン（事業者編）」に加え，その「第４　各論」に相当する部分を構成する「（別冊）金融業務における特定個人情報の適正な取扱いに関するガイドライン」の遵守が必要となる。また，安全管理措置の具体的な内容については，「金融分野における個人情報保護に関するガイドラインの安全管理措置等についての実務指針」の遵守を前提としたうえで，「特定個人情報の適正な取扱いに関するガイドライン（事業者編）」の「（別添）特定個人情報に関する安全管理措置（事業者編）」の参照が求められる。

改正マイナンバー法の施行により，2018年１月から，預金保険機構等によるペイオフのための名寄せや税務執行上の資力調査・税務調査の実効性確保のために，預貯金口座にマイナンバーが紐付けされて付番される預貯金口座付番制度が始まるなど，マイナンバーの利用が拡大した。これまで以上にマイナンバーの取扱いの場面が増えてくると思われるので，マイナンバーの取扱事務においては，つねに最新の知識をもって臨むことが重要である。

なお，一般の事業者がマイナンバーの管理業務全般を外部に委託する場合の契約書式（「特定個人情報（マイナンバー）管理委託契約」）は，本書の姉妹編である『業務委託契約の基本と書式』（中央経済社）に掲載されているのでそちらを参照されたい。

マイナンバー管理委託契約書（金融機関向け）

●●を甲とし，▲▲を乙として，甲乙間において次のとおり業務委託契約（以下「本契約」という。）を締結する。

第１条（目的）

乙は甲に対し，本契約期間中，本契約に定めるところにより，次条第７号に定める個人番号関係事務を委託し，甲はこれを受託する。

コメント

本条は本契約の目的を定めた規定である。なお，本契約では，金融機関である委託者が乙，受託者が甲である。

第２条（定義）

本契約において，以下に掲げる用語の意義は，当該各号に定めるところによるものとする。

(1) 「委託業務」とは，次条に規定する乙が甲に委託する業務の内容をいう。

(2) 「個人情報」とは，乙の従業者の生存する個人に関する情報であって，当該情報に含まれる氏名，生年月日その他の記述等により特定の個人を識別することができるもの（他の情報と容易に照合することができ，それにより特定の個人を識別することができることとなるものを含む。）をいう。

(3) 「個人番号」とは，「行政手続における特定の個人を識別するための番号の利用等に関する法律」（以下「マイナンバー法」という。）第７条第１項又は第２項の規定により，住民票コードを変換して得られる番号であって，当該住民票コードが記載された住民票に係る者を識別するために指定されるものをいう。

(4) 「特定個人情報」とは，個人番号をその内容に含む個人情報をいう。

(5) 「特定個人情報ファイル」とは，個人番号をその内容に含む個人情報ファイル（個人情報を含む情報の集合物であって，特定の個人情報について電子計算機を用いて検索することができるように体系的に構成したもののほか，特定の個人情報を容易に検索することができるように体系的に構成したもの。）をいう。

(6)「個人番号利用事務」とは，行政機関，地方公共団体，独立行政法人等その他の行政事務を処理する者がマイナンバー法第９条第１項又は第２項の規定によりその保有する特定個人情報ファイルにおいて個人情報を効率的に検索し，及び管理するために必要な限度で個人番号を利用して処理する事務をいう。
(7)「個人番号関係事務」とは，マイナンバー法第９条第３項の規定により個人番号利用事務に関して行われる他人の個人番号を必要な限度で利用して行う事務をいう。
(8)「個人番号利用事務等責任者」とは，甲において委託業務に係る特定個人情報の管理に関する責任を担うものをいう。
(9)「個人番号利用事務等担当者」とは，甲において委託業務に係る特定個人情報を取り扱う事務に従事する者をいう。
(10)「顧客」とは，乙の個人顧客をいう。
(11)「第三者」とは，甲及び乙（甲及び乙の役職員を含む。）以外の全ての者をいう。

コメント

本条は，本契約で用いる語句の定義を定めるものである。

「行政手続における特定の個人を識別するための番号の利用等に関する法律」（マイナンバー法）２条の定義や「個人情報の保護に関する法律」２条の定義などを用いている。

第３条（委託の内容）

乙が甲に委託する業務の内容は以下の通りとする。
(1) 乙の行う個人番号利用事務及び個人番号関係事務に関して乙の顧客の特定個人情報の収集をすること。
(2) 前号の際，マイナンバー法第16条に基づく本人確認を行うこと。
(3) 甲が乙の顧客から収集した特定個人情報及び乙から提供を受けた乙の顧客の特定個人情報を保管すること。
(4) 乙に代わって，個人番号利用事務及び個人番号関係事務に関して，行政機関等に対して特定個人情報を提供すること。

(5) 保管している乙の顧客の特定個人情報を法令上の保存期間の経過後に廃棄又は削除すること。

コメント

本条は委託業務の内容を定めている。委託契約において委託先が，顧客の特定個人情報を直接収集する旨定めれば，委託先が顧客の特定個人情報を直接収集することができる（1号）。

もっとも，金融機関が金融取引を開始する時点で顧客の特定個人情報を収集すべき場合（たとえば，特定口座に係る所得計算等に伴う特定口座年間取引報告書の作成事務の場合は，租税特別措置法37条の11の３第４項の規定により，顧客には特定口座開設届出書提出時点でマイナンバーの告知義務がある）には，委託先ではなく金融機関が直接収集することになる。本契約では，番号の収集・確認（1号・2号），保管（3号），行政機関等への提供（4号），削除（5号）を定めている。

第４条（委託期間）

本契約の有効期間は，契約締結日から１年間とし，甲又は乙いずれか一方が期間満了の３ヵ月前までに別段の書面による意思表示をしないときは，さらに１年間自動延長するものとし，以後も同様とする。

コメント

本条は委託期間を定める。金融機関は一般に膨大な数の特定個人情報を管理する必要がある。委託先からの期間満了の事前告知と期間満了日までの期間が短か過ぎると，他の委託先選定や自社による管理体制整備が間に合わず，特定個人情報の管理に大きな支障を来すことになるので，注意が必要である。

なお，民法上，委託期間中であっても各当事者はいつでも解除することができる（同法651条１項）が，やむを得ない事由がない限り，相手方に不利な時期に委任の解除をしたときは，損害を賠償しなくてはならない（同条２項）点に注意を要する。

第５条（委託料金）

１　本件事務の委任の対価は年間○○円（消費税別）とし，乙は，甲に対し，別紙１（四半期別支払金額表）〔省略〕に従い，四半期分（３ヵ月分）を甲の指定口座に振り込んで支払う。なお，振込手数料は甲の負担とする。

２　前項記載の委託料金の支払期限は，本契約の有効期間内における四半期ごとの翌月末日とする。

コメント

本条は業務委託の対価の額およびその支払方法について定めたものである。

事務処理上の便宜から，毎月の支払いではなく，四半期ごとの支払いの方法をとっている。具体的な支払金額は，別紙に記載することになる。振込口座もあわせて別紙に記載するとよい。

第６条（善管注意義務）

甲は，本件委託業務の本旨に従い，乙のために善良なる管理者の注意を払い，本件委託業務を処理する。

コメント

本条は受託者の善管注意義務について定める条項である。本契約の受託者は，本契約が準委任契約の性質を有するため，法律上，善管注意義務を負っている（民法656条，644条）。加えて，本契約は，膨大な数の特定個人情報が対象となるため，受託者が善管注意義務を負っていることを明確にすべきである。

第７条（特定個人情報の管理部署・責任者・従事者）

甲は，本件委託業務の本旨に従い，乙のために善良なる管理者の注意を払い，本件委託業務を処理する。

１　甲において，本件委託業務を統括管理する部署，個人番号利用事務等責任者及び個人番号利用事務等担当者は，別紙２〔省略〕のとおり定める。

2　個人番号利用事務等責任者は，甲における特定個人情報の目的外利用又は漏えい等が発生しないよう適切な措置を講ずるものとし，特定個人情報に関する甲との連絡窓口になるものとする。

コメント

本条はマイナンバー管理業務の担当者を明確にする条項である。本件委託業務を統括管理する部署，個人番号利用事務等責任者および個人番号利用事務等担当者を定めることで，責任の所在を明らかにし，情報管理を徹底する。

「特定個人情報の適正な取扱いに関するガイドライン（事業者編）」では，講ずべき安全管理措置の内容として，①基本方針の策定，②取扱規程等の策定，③組織的安全管理措置，④人的安全管理措置，⑤物理的安全管理措置，⑥技術的安全管理措置の項目が挙げられている。本条および次条は④の人的安全管理措置に関する定めに該当する。

また，「金融分野における個人情報保護に関するガイドラインの安全管理措置等についての実務指針」では，外部委託に関する取扱規程を整備し，①委託先の選定基準，②委託契約に盛り込むべき安全管理に関する内容を定め，定期的にこれらの見直しを行うことが金融機関に求められている。

第８条（個人番号利用事務等担当者の教育・訓練）

甲は，個人番号利用事務等担当者に対して，委託業務を行うために必要な教育及び訓練をしなければならない。

コメント

本条は，個人番号利用事務等担当者の教育・訓練を定める条項であり，個人情報保護法上要求されている義務を規定するものである（法21条）。「特定個人情報の適正な取扱いに関するガイドライン（事業者編）」の「（別添）特定個人情報に関する安全管理措置（事業者編）」は，事務取扱担当者への教育等の手法として，ⅰ 特定個人情報等の取扱いに関する留意事項等について，従業者に定期的な研修等を行うこと，ⅱ 特定個人情報等についての秘密保持に関する事項を就業規則等に盛り込むことを例示している。

第９条（本人確認とその方法）

1　甲は，乙の役職員に関する本人確認を行う。

2　本人確認の方法は，別紙３〔省略〕に従うものとする。

コメント

本条は，マイナンバー法16条に規定されている本人確認の措置についての条項である。本人確認の手段として，①個人番号カードの提示を受けること，②政令で定める措置をとることができる。本契約では別紙で定める形式にしているが，本契約の条項として定めてもよい。

第10条（安全管理）

甲は別紙４〔省略〕に従い，乙の顧客に関する特定個人情報の安全管理を行うものとする。

コメント

本条は安全管理についての条項であり，個人情報保護法20条に基づくものである。安全管理の具体的な方法については，「特定個人情報の適正な取扱いに関するガイドライン（事業者編）」の「（別添）特定個人情報に関する安全管理措置（事業者編）」を参照することとなる。

講ずべき安全管理措置の内容としては，①基本方針の策定，②取扱規程等の策定，③組織的安全管理措置，④人的安全管理措置，⑤物理的安全管理措置，⑥技術的安全管理措置の６つの項目がある。

①　基本方針に定める内容としては，事業者の名称，関係法令・ガイドライン等の遵守，安全管理措置に関する事項，質問および苦情処理の窓口などが挙げられる。

②　取扱規程等の策定については，ⅰ 取得段階，ⅱ 利用段階，ⅲ 保存段階，ⅳ 提供段階，ⅴ 削除・廃棄段階ごとに分け，取扱方法，責任者・事務取扱担当者およびその任務等について定めるべきである。

③　組織的安全管理措置については，組織体制として整備する項目として，ⅰ 事務における責任者の設置および責任の明確化，ⅱ 事務取扱担当者の明確化およびその役割の明確化，ⅲ 事務取扱担当者が取り扱う特定個人情報等の範囲の明確化，ⅳ 事務取扱担当者が取扱規程

等に違反している事実または兆候を把握した場合の責任者への報告連絡体制等が挙げられる（その他，取扱規程等に基づく運用，取扱状況を確認する手段の整備，情報漏えい等事案に対応する体制の整備，取扱状況の把握および安全管理措置の見直しなど）。

④　人的安全管理措置については，第7条・第8条のコメントを参照されたい。

⑤　物理的安全管理措置については，管理区域に関する物理的安全管理措置としては，ⅰ 入退室管理および管理区域へ持ち込む機器等の制限，ⅱ 入退室管理方法としては，ICカード，ナンバーキー等による入退室管理システムの設置等が挙げられる（その他，機器および電子媒体等の盗難等の防止，電子媒体等の取扱いにおける漏えい等の防止，個人番号の削除，機器および電子媒体等の廃棄など）。

⑥　技術的安全管理措置として，ⅰ 個人番号と紐付けてアクセスできる情報の範囲をアクセス制御により限定する，ⅱ 特定個人情報ファイルを取り扱う情報システムを，アクセス制御により限定することが挙げられる（その他，アクセス者の識別と認証，外部からの不正アクセス等の防止，情報漏えい等の防止など）。

また，「（別冊）金融業務における特定個人情報の適正な取扱いに関するガイドライン」は，委託者が，委託先において，マイナンバー法に基づき委託者自らが果たすべき安全管理措置と同等の措置が講じられるか否かについて，あらかじめ確認しなければならないとしており，具体的な確認事項として，委託先の設備，技術水準，従業者に対する監督・教育の状況，委託先の経営環境などを挙げている。

加えて，委託契約を締結する際の契約内容として，秘密保持義務，事業所内からの特定個人情報の持ち出しの禁止，特定個人情報の目的外利用の禁止，再委託における条件，漏えい事案等が発生した場合の委託先の責任，委託契約終了後の特定個人情報の返却または廃棄，従業者に対する監督・教育，契約内容の遵守状況について報告を求める条項などを盛り込まなければならないことを示している。

第11条（持出しの禁止）

甲の個人番号利用事務等担当者は，特定個人情報等を，甲の事務所内の管理区域又は取扱区域の外へ持ち出してはならない。

コメント

本条はマイナンバーなどの持ち出しを禁止する条項である。

近年，情報漏えい事件が続発しているが，そのような不祥事を未然に防ぐため，情報管理は徹底すべきである。本条は，前条コメントで触れた安全管理措置のうち，⑤物理的安全管理措置に関するものであり，管理区域を設定し，外部への持ち出しを禁止している。

第12条（秘密保持義務）

甲は，特定個人情報を，秘密として保持し，マイナンバー法に基づき委託業務を処理する場合又は第三者に委託業務の全部又は一部を再委託する場合を除き，第三者に提供，開示，漏えい等をしてはならない。

コメント

本条は，マイナンバーを秘密として保持する義務を課す規定であり，マイナンバー法25条に基づくものである。第10条のコメントで触れた安全管理措置のうち，④人的安全管理措置，⑤物理的安全管理措置等に関するものである。

第13条（目的外利用の禁止）

甲（個人番号利用事務等責任者及び個人番号利用事務等担当者を含む。）は，特定個人情報を第３条に定める委託業務の目的以外の目的に利用してはならない。

コメント

本条は，目的外使用を禁止する規定である。個人情報保護法では，第三者提供が原則的に禁止されている一方で，個人情報取扱事業者が利用目的の達成に必要な範囲内において個人データの取扱いの全部または一部を委託する場合には例外的に本人の同意を得ることなく第三者提供できる（法23条４項）ものとされているが，本条の受託者の目的外利用の禁止の条項は，委託者の法規制と関連している。

なお，改正マイナンバー法の施行により預貯金付番制度が開始したが，従来，法定調書作成等を利用目的として顧客から提供を受けたマイナンバーを預貯金付番にそのまま流用することはできない。

改めて「預貯金付番に関する事務」を利用目的として明示したうえで顧客からマイナンバーの提供を受けるか，個人情報保護法15条２項，18条３項に基づき「預貯金付番に関する事務」という利用目的を追加しなければ，目的外利用となる可能性があるので，注意を要する。

第14条（再委託）

1　甲は，本件業務の全部又は一部を第三者に再委託することができない。但し，甲は，乙の事前の書面による承諾がある場合で，かつ，以下の観点を含め甲が自らが果たすべき安全管理措置と同等の措置が講じられる再委託先に限定して委託業務の全部又は一部を再委託させることができる。

①　委託先の設備

②　技術水準

③　従業者に対する監督・教育の状況

④　その他委託先の経営環境

⑤　暴力団等の反社会的勢力とのかかわり

2　乙は再委託先との間で，本契約と同等の内容の再委託契約を締結しなければならないものとする。また，再委託先には別紙４〔省略〕と同等の安全管理義務を課するものとする。再委託契約の中には，再委託先が更に委託業務の全部又は一部を再委託する場合には，甲及び乙の事前の書面による同意を得るものとする規定を置くものとする。

3　再委託先は，委託業務の全部又は一部の委託を受けた者とみなされる。乙は，甲が再委託先に対して適切な監督を行っているかどうかを監督するものとする。

コメント

本条は再委託を原則として禁止する規定である。本契約では，データの流出リスクを極力抑えるために，原則として再委託を認めないこととしている。もっとも，場合によって再委託を認めざるを得ない場合もあるため，委託者の書面による同意がある場合に限り，例外的に再委託を認めることとしている。

マイナンバー法10条１項により，委託者の許諾を得た場合に限って再委託をすることができる。また，再委託を受けた者は，個人番号関係事務または個人番号利用事務の全部または一部の「委託を受けた者」とみなされ，再委託を受けた個人番号関係事務または個人番号利用事務を行うことができるほか，最初の委託者の許諾を得た場合に限り，その事務を再々委託することができる。

この場合，最初の委託者（委託元）の受託者に対する監督義務の内容には，受託者が再委託先・再々委託先に対して必要かつ適切な監督を行っているかどうかを監督することも含まれるので，とくに注意を要する。

第15条（廃棄）

1　甲は，乙の顧客の個人番号が記載された書類等については，保存期間経過後１年以内に廃棄する旨の手続を定めるものとする。

2　甲は，乙の顧客の特定個人情報を取り扱う情報システムにおいて，保存期間経過後１年以内に個人番号を削除する情報システムを構築するものとする。

3　甲は，乙の顧客の特定個人情報が記載された書類等を廃棄する場合，焼却又は溶解等の復元不可能な手段を採用するものとする。

4　甲は，乙の顧客の特定個人情報が記録された機器及び電子媒体等を廃棄する場合，専用のデータ削除ソフトウェアの利用又は物理的な破壊等により，復元不可能な手段を採用するものとする。

5　甲は，乙の顧客に関する特定個人情報ファイル中の個人番号又は一部の特定個人情報等を削除する場合，容易に復元できない手段を採用するものとする。

6　甲は，乙の顧客の個人番号若しくは特定個人情報ファイルを削除した場合，又は電子媒体等を廃棄した場合には，削除又は廃棄した記録を保存するものとすると共に，乙に対して削除又は廃棄したことに関する証明書を交付するものとする。

コメント

本条は，マイナンバー情報を含む情報の廃棄を定める条項である。第10条のコメントで触れた安全管理措置のうち，⑤物理的安全管理措置等に関するものである。

利用が終了したマイナンバーについて，不確定な利用再開時に備えて，マイナンバーを保管し続けることはできず，速やかに廃棄または削除することが求められる（法20条参照）。

マイナンバーを削除した場合は，削除した記録を保存する。なお，その削除の記録の内容としては，特定個人情報ファイルの種類・名称，責任者・取扱部署，削除・廃棄状況などを記録し，マイナンバー自体は記録内容に含めない。この作業を委託する場合には，委託先が確実に削除または廃棄したことについて，証明書等により確認すべきである。

第16条（返却・廃棄）

甲は，本契約が終了した場合は，直ちに，乙の顧客の特定個人情報を乙に返却するものとする。但し，乙の指示があるときは，その指示内容に従い返却・廃棄又はその他の処分をするものとする。

コメント

本条は，契約終了後のマイナンバーの返却等を定めるものである。目的外使用の禁止条項と相まって，必要なくなった情報は速やかに返却，廃棄されなくては情報流出の原因となる。

なお，委託業務上保管の必要がない場合には，委託契約の終了を待たずにすみやかに特定個人情報を返却しなければならない。

たとえば，保険会社から委託を受けて個人番号を取り扱う代理店は，委託契約に基づいて個人番号を保管する必要がない限り，できるだけすみやかに顧客の個人番号が記載された書類等を保険会社に受け渡し，代理店のなかに個人番号を残してはならない（「（別冊）金融業務における特定個人情報の適正な取扱いに関するガイドライン」）。

第17条（漏えい事案等が発生した場合）

1　甲は，特定個人情報を漏えい，滅失，毀損（以下「漏えい等」という。）することがないよう必要な措置を講ずるものとし，甲の支配が可能な範囲において特定個人情報の漏えい等に関し責任を負う。

2　甲及びその役員・従業員が，本契約に違反して，特定個人情報を本契約に定める業務目的外に利用した場合又は第三者に提供・開示・漏えい等した場合には，甲は直ちに乙に報告しなければならない。この場合，甲は，速やかに必要な調査を行うとともに，再発防止策を策定するものとし，乙に対し調査結果及び再発防止策の内容を報告する。

3　特定個人情報の漏えい等に関し，乙の顧客を含む第三者から，訴訟上又は訴訟外において，乙に対する損害賠償請求等の申立がされた場合，甲は当該申立の調査解決等につき乙に合理的な範囲で協力するものとする。

4　特定個人情報の漏えい等に関し，乙の顧客を含む第三者から，訴訟上又は訴訟外において，甲に対する苦情又は損害賠償請求等の申立てがされた場合，甲は，苦情又は申立てを受け，苦情又は申立てがされたことを認識した日から３営業日以内に乙に対し，苦情又は申立の事実及び内容を書面で通知するものとする。

5　本条の定めは本契約終了後も有効とする。

コメント

本条は，情報漏えいが生じてしまった場合の責任・報告等を定めるものである。情報漏えいが起きた場合に企業が被るダメージは大きい。事前に予防策を講じるのは当然だが，起きた後に損害を最小限に食い止める行動や責任の定めも重要である。

マイナンバーに関する管理業務を外部に委託している場合，委託者がマイナンバーの漏えいに気付くことが困難な場合がある。

本条では，第三者から漏えいの指摘を受けた場合についても，委託者に連絡がいくように定めることで，委託者が漏えいを認識し，早期に対処できるようにしている。

マイナンバー法改正（29条の４）により，個人番号利用事務等実施者は，特定個人情報の安全の確保に係る重大な事態が生じた場合，個人情報保護委員会に報告しなければならない。

また，「金融分野における個人情報保護に関するガイドライン」や「金融分野における個人情報保護に関するガイドラインの安全管理措置等についての実務指針」に従って，金融庁に報告する必要がある。

第18条（委託業務の遵守状況についての報告・調査）

1　甲は，乙に対し，毎月最終営業日に，委託業務の遵守状況，特定個人情報の安全管理体制等を書面で報告するものとする。

2　乙は，甲に対し，いつでも，書面により委託業務の遵守状況等について確認することができる。

3　甲及び乙は前項の確認の結果を踏まえ，委託業務における特定個人情報の安全管理体制の改善要否を協議し，改善が必要と判断した場合は双方協力のうえ対応するものとする。

4　乙は，委託業務の遵守状況について調査の必要があると認めたときは，いつでも，甲の事業所内に立ち入ることができる。

コメント

本条は本契約に関する事項の報告を定めるものである。委託者は受託者に対し必要かつ適切な監督を行わなければならないため（法22条，マイナンバー法11条），本条のように，遵守状況や安全管理体制に関する受託者の報告義務を明確に定めておくことが望ましい。

業務委託が委任の性格を有している場合，報告条項がなくても民法上受託者には報告義務が課される（民法645条）が，報告の方法等についてはとくに民法上は定められていないので本条のように定めておく必要がある。

本条４項は，「（別冊）金融業務における特定個人情報の適正な取扱いに関するガイドライン」において「委託者が委託先に対して実地の調査を行うことができる規定等を盛り込むことが望ましい」とされていることを反映した規定である。

第19条（解除，期限の利益喪失等）

甲又は乙は，相手方が次の各号の一に該当する場合，何らの通知，催告なしに，直ちに本契約の全部又は一部につき，何らの責任を負うことなく，その債務の履行を停止し，又は解除することができる。

(1) 本契約に定める義務の全部又は一部に違反し，一方当事者から２週間の是正期間を設けて書面で通告されたにもかかわらず，この期間内に違反が是正されないとき

(2) 財産又は信用状態の悪化等により，差押え，仮差押え，仮処分，強制執行もしくは競売の申立てがなされ，又は租税公課を滞納し督促を受けたとき

(3) 破産手続開始，民事再生手続開始，会社更生手続開始，特別清算開始その他法的倒産手続開始の申立てがあったとき，解散（又は法令に基づく解散も含む。），生産もしくは私的整理の手続に入ったとき

(4) 手形もしくは小切手を不渡とし，その他支払不能又は支払停止となったとき

(5) 自ら又は自らの役員（業務を執行する社員，取締役，執行役又はこれらに準ずる者をいう。）が，暴力団，暴力団関係企業，総会屋もしくはこれらに準ずる者又はその構成員であることが判明したとき

コメント

本条は，本契約の解除について定めたものである。

なお，2017年の民法改正によって，解除権行使の要件として債務者の帰責事由は不要となった。そのため，契約の拘束力を強くするためには，契約条項のなかに債務者の帰責事由を解除条件として明確に盛り込む必要がある。

第20条（誠実協議）

本契約の規定に関する疑義又は本契約に定めがない事項については，甲及び乙は，誠意をもって協議のうえ解決するものとする。

コメント

本条はいわゆる協議条項である。特別の法的効果はないといわれることもあるが，わが国の実務上は，当事者間の信頼関係醸成などの目的で規定されることも多い。

第21条（合意管轄）

本契約に関して甲乙間に生じる裁判上の紛争については，○○地方裁判所を第一審の専属的合意管轄裁判所とする。

コメント

合意により第１審の管轄裁判所を定めておく条項である。本条のような合意がない場合は，一般的に被告の所在地（民事訴訟法４条），不法行為地（民事訴訟法５条９号）のほか，金銭的な訴えであれば，義務履行地（同５条１号）が管轄裁判所となる。

とくにマイナンバーの委託管理業務では，管理業務はネットワーク上で行う企業も多いため，双方とも離れた地に事業所を有している場合がある。そのため，管轄裁判所についての定めを置いておくことが望ましい。

〔参考〕個人データの取扱いに関する覚書

個人データの取扱いに関する覚書

株式会社○○○○（以下「甲」という。）および△△△株式会社（以下「乙」という。）は，XXX年XX月XX日付で締結された甲乙間の業務委託にかかる契約書（以下「原契約」という。）に基づき，個人データの取り扱いについて以下の通り合意する。

第１条（個人情報の預託）

甲乙間の原契約に基づき，当該業務に必要な範囲で，甲は乙に個人データを預託する（以下「預託個人データ」という。）。本覚書において当該委託の対象になる業務を「本件業務」という。

第２条（預託個人データの重要性）

乙は，預託個人データが甲または甲の顧客の重要な資産であり，かつ個人のプライバシーに係る情報であることを承知する。

第３条（保管管理及び目的外使用の禁止）

乙は，預託個人データを本覚書に基づき善良な管理者の注意をもって保管管理し，第三者に開示・漏えいせず，また，本件業務の目的以外のために使用しないものとする。

第４条（再委託）

乙は，個人データ取扱業務を，甲の承諾を得ることなく，第三者に再委託して実施してはならない。

第５条（個人データの複製・改変の禁止）

乙は，個人データを本件業務の実施のために必要な範囲でのみ使用し，甲の事前の承諾を得ることなく複製または改変してはならない。

第６条（従業者）

乙は預託個人データを本件業務に携り知る必要のある自己の役員・従業員（以下「従業者」という。）にのみ取り扱わせるものとする。乙は，従業者の退任・退職後の行為を含めて，その行為に責を負うものとする。

第７条（個人データの返却・破棄）

乙は本件業務を終了する等個人情報が不要となった場合，または甲の要求のある場合，速やかに個人データを返却するものとし，返却できない中間ファイルまたは個人データを印字した書類等がある場合には，乙の責においてこれを第三者に漏えいしないように適切な処置をとって完全に破壊又は消去し，甲の要求に基づいて，それを証する書面を提出するものとする。

第８条（管理規則）

甲および乙は，別途協議して個人データの取扱に関して，本覚書に定めることの他，管理規則等（以下「規則」という。）を定めることができ，規則を定めた場合には，甲および乙はこれを誠実に遵守するものとする。

第９条（管理責任者）

甲および乙は，個人データの管理責任者を定めて相手方に書面で通知するものとする。異動のあるときも同様とする。

第10条（通知）

甲または乙が，万一預託個人データの漏えいを知った場合，またはその恐れを生じた場合には，直ちにその拡大を防止するための適切な措置をとり，速やかに相手方にその旨を通知してその取扱を協議する。なお，このことによって，次条に定める自己の義務を免れることはない。

第11条（損害賠償）

甲または自己の責に帰すべき事由によって本覚書に違反し，そのことによって相手方または第三者に損害が生じた場合，責ある当事者は相手方または当該第三者の求めによってその損害を賠償する。なお，賠償額は甲乙の協議によって定める。

第12条（有効期限）

本覚書の有効期間は，締結の日から１年間とする。但し，期間満了の３カ月前までに甲乙いずれからも何等の申し出がない場合には更に１年間有効とし，以降も同様とする。

本件合意の証として，本書２通を作成し，甲乙記名捺印の上，各１通を保有する。

年　　月　　日

甲　東京都千代田区××××××××××
　　株式会社○○○○
　　×××××××××××

乙　東京都新宿区×××××××××××
　　△△△株式会社
　　×××××××××××

9 「本人の同意」取得のための「書式」

◆「本人の同意」を得なければならない場合

個人情報保護法のもとで「本人の同意」が必要とされる場合は少なくない。ここで「本人の同意」とは，本人の個人情報が個人情報取扱事業者によって示された取扱方法で取り扱われることを承諾する旨の当該本人の意思表示をいう。

「データ主体」としての本人の権利保護は，この同意権行使によって確保されるといってよい。個人情報保護法のなかで，「本人の同意」を求める主な条文を列挙すると以下のようになる。

(1) あらかじめの本人の同意なく，特定された利用目的の達成に必要な範囲を超えて，個人情報を取り扱ってはならないとする（法16条１項）。
(2) あらかじめの本人の同意なく，事業の承継前における利用目的の達成に必要な範囲を超えて個人情報を取り扱ってはならないとする（同条２項）。
(3) 上記(1)，(2)に関連して，「本人の同意」を得なくてよい例外を規定する（同条３項）。
(4) あらかじめの本人の同意なく「要配慮個人情報」を取得してはならないとする（法17条２項）。
(5) あらかじめの本人の同意なく個人データを第三者に提供してはならないとする（法23条１項）。

なお，2020年改正は，個人関連情報取扱事業者が，提供先で個人データとして取得されると想定しながら個人関連情報を第三者に提供しようとする場合，当該個人関連情報に係る本人の同意が得られていることを確認しないで提供してはならないこととする（改正法26条の２第１項１号）。

◆「本人の同意」要件

いずれも「本人の同意」は，「データ主体」の権利行使の要となる部分だけに，事業者は同意を取りつけるための「書式」づくりなどを慎重に行わなくてはならない。

一般的に「同意」は，何について同意しその結果どうなるのかについて十分に説明を受けたうえで，同意権者の自由な意思に基づいてなされなくてはならない。

個人データの利用についてであれば，利用目的が個別具体的に示され，「データ主体」の真意に基づく同意がなされたかどうかがキーポイントになる。

個人情報保護委員会の「個人情報の保護に関する法律についてのガイドライン（通則編）」２－16は，【本人の同意を得ている事例】を，口頭による場合を含め以下のように列挙している。

事例１） 本人からの同意する旨の口頭による意思表示
事例２） 本人からの同意する旨の書面（電磁的記録を含む）の受領
事例３） 本人からの同意する旨のメールの受信
事例４） 本人による同意する旨の確認欄へのチェック
事例５） 本人による同意する旨のホームページ上のボタンのクリック
事例６） 本人による同意する旨の音声入力，タッチパネルへのタッチ，ボタンやスイッチ等による入力

「同意」要件については，EU・GDPRの求めるところと“温度差”があるようだ。2019年１月，大手プラットフォーマーのＧ社がフランス当局から同国の規則に違反したことで制裁金を科された。約款に本人が署名したことが「同意」とはみなされなかった。

以下は，企業が，「採用募集」につき，履歴書など個人情報を提供してもらうために使う同意書とその内容の解説である。

◆ 同意書の書式

> **個人情報提供についての同意書**
>
> 株式会社○○（以下「当社」といいます。）は，採用・選考・募集にあたり，貴殿に関する個人情報をご提供いただいております。ご提供いただいた個人情報の取扱いについては下記の通りとなっております。内容をご確認の上，ご署名ください。

コメント

書面のタイトルおよび前文にあたるこの部分は，第１条，第２条の内容と相まって，何のために個人情報を提供してもらい何につき同意を求めるのかを明示する意味をもつ。

> **第１条（個人情報）**
>
> 当社は，応募者から，採用選考に必要な事項として必要書類（履歴書，成績証明書，卒業証明書，職務経歴書，健康診断書等）をご提出していただき，氏名，住所，生年月日，性別，健康診断結果その他特定の個人を識別することができる情報（以下「個人情報」といいます。）を取得します。

コメント

「個人情報」は，法令の定義に沿って書かれているが，「要配慮個人情報」を区別しなくてよいかどうかに注意すべきである。

> **第２条（利用目的）**
>
> 当社は，応募者の個人情報を，採用選考活動の運営（書類選考および面接等の採用選考ならびに選考期間中または採用内定後のご案内およびご連絡）を目的として利用し，それ以外の目的には利用しません。

コメント

利用目的は，具体的に書かれている。

第３条（個人情報の取扱い）

当社は，応募者の個人情報を利用目的の範囲内で正確かつ最新の内容に保つように努め，不正なアクセス，改ざん，漏えい等から守るべく，必要かつ適切な安全管理措置を講じます。また，応募者の個人情報は，不採用または採用辞退の場合には，一定期間保管後，当社で責任をもって破棄します。

コメント

採用選考中および採用選考後における応募者の個人情報に関する取扱いについて定めている。

採用選考後，採用に至らなかった場合や応募者が採用を辞退した場合，会社が当該応募者の個人情報を破棄または返却することとなる。

本条では，一定期間保管後会社の責任で破棄する旨を定めているが，紙媒体で個人情報を提出してもらっていた場合は，当該応募者に原本を返却する旨の規定にすることも考えられる。

第４条（第三者提供）

当社は，応募者の個人情報を，応募者ご本人の同意を得ず第三者に開示・提供することはありません。ただし，次の場合は，関係法令に反しない範囲において，応募者の同意なく内容を開示することがあります。

⑴　法令に基づく場合

⑵　人の生命，身体または財産の保護のために必要がある場合であって，応募者ご本人の同意を得ることが困難であるとき

⑶　公衆衛生の向上または児童の健全な育成の推進のために特に必要がある場合であって，応募者ご本人の同意を得ることが困難であるとき

⑷　国の機関もしくは地方公共団体またはその委託を受けた者が法令の定める事務を遂行することに対して協力する必要がある場合であって，応募者ご本人の同意を得ることにより当該事務の遂行に支障を及ぼすおそれがあるとき

コメント

法令に基づく開示の例外を書く場合は，その文言どおりに正確に書くのがよい。本条では，個人情報保護法23条1項各号の文言に揃えている。

第5条（委託）

当社は，収集した応募者の個人情報の取扱いを，採用選考活動の運営業務上，必要な範囲内において，第三者へ委託する場合があります。この場合，当社は厳格な選定基準に基づき委託先業者を選定し，委託先業者と秘密保持契約を締結するなど，ご提供された個人情報を保護するうえで適切な管理・監督を実施いたします。

コメント

「選定基準」が実際に「規程」などの形で明文化されている必要がある。

第6条（情報提供の任意性）

個人情報のご提供は任意です。ご提供いただけない個人情報がある場合，当社での採用の検討ができない場合がありますので，あらかじめご了承ください。

コメント

採用時の個人情報提供についての同意書において，よく本条のような規定を見かける。

採用活動を行う会社側としては，応募者の氏名や連絡先が分からなければ採用の検討を行うことができない。一方，提供してもらう個人情報の重要度についてはグラデーションがある。そのため，あまり重要でない個人情報の提供を拒まれた場合にまで，採用の検討を行えないという不利益を示唆することは好ましくない。

そこで，たとえば，氏名や連絡先など，採用活動を行う上で不可欠な個人情報の提供を拒まれた場合に限るなどの規定ぶりにすることも考えられる。

第７条（個人情報の開示，訂正，削除等）

当社にご提供いただいた個人情報について，応募者ご本人が利用目的の通知・開示・訂正・追加または削除，利用または提供の拒否の申し出をする場合は，次の当社窓口までご連絡ください。

株式会社○○

〒123－4567　東京都○○区○○町○―○

TEL○○－○○○○－○○○○　個人情報保護管理責任者　○○○○

【応募者ご署名欄】

私は上記に同意します。

年　　月　　日

署名　　　　　　　　印

◆ クッキーの利用のための「同意」とポップアップ

クッキー（cookie）は，コンピュータ用語として，ウェブサイト閲覧の「履歴」やサイトのパスワードに直結するログイン情報をためたデータを指す。

クッキー自体は，数字や符号の記録でしかなく，個人の氏名などを含まないため，日本法のもとでは「個人情報」にあたらないとするのが，多数説である。ただ，他の顧客名簿などと照合することで個人を特定できるときは，「個人情報」にあたり得る。

なお，2020年改正により新設された「個人関連情報」（改正法26条の2第1項）にクッキーが含まれると想定されるが，改正ガイドラインは，これに該当する事例として，「Cookie等の端末識別子を通じて収集された，ある個人のウェブサイトの閲覧履歴」を挙げる。

GDPRの場合，「個人データ」の定義が，「オンライン識別子」を明示し，ここにクッキーを含むと解釈される。

そこで，クッキー利用を予め本人（データ主体）に知らせたうえで同意を取るのがよい。その場合，「同意」は，サービス利用規約などのなかで，一括して取ればよいのか，それともポップアップ表示して，かつ「クッキー利用」を明記して「同意」を取ることまでする必要があるかは，クッキーの類型や適用法の内容などによる。

◆ クッキーに関する自由な「同意」とボタンのレイアウト

68〜69頁に記載したように，GDPRは，「同意」について，「データ主体」の個々の目的別に自由意思で曖昧さをなくさなければならないとしている。

クッキーに関する同意についても，欧州の企業のホームページでは，わかりやすくポップアップ表示の形式にして同意を求める例が少なくない。

イギリスのあるスポーツ衛星放送会社のホームページにアクセスしようとすると，以下のようなポップアップ表示が出る。

●●●●●●● uses cookies to create a better experience for you

●●●●●●● requires your consent for our trusted partners to store and access cookies, unique identifiers, personal data, and information on your browsing behaviour on this device. This applies to ●●●●●●● only. You can change your preferences at any time in "Privacy Options", located at the bottom of every page. You don't have to accept, but some personalised content and advertising may not work if you don't. Our partners use your data for:

Store and/or access information on a device ^

Cookies, device identifiers, or other information can be stored or accessed on your device for the purposes presented to you.

Personalised ads and content, ad and content measurement, audience insights and product development ^

Ads and content can be personalised based on a profile. More data can be added to better personalise ads and content. Ad and content performance can be measured. Insights about audiences who saw the ads and content can be derived. Data can be used to build or improve user experience, systems and software.

Precise geolocation data, and identification through device scanning ^

Precise geolocation and information about device characteristics can be used.

To view our list of partners and see how your data may be used, click "options" below. You can also review where our partners claim a legitimate interest to use your data and, if you wish, object to them using it.

Accept　　Options

〈参考訳〉

当社は，お客様により良い体験を提供できるよう，クッキーを使用しております

当社は，当社の信頼できるパートナー会社が，お客様のクッキー，一意識別子，個人データ，本デバイスの閲覧行動に関する情報を保存およびアクセスすることができるよう，お客様に同意を求めます。これは当社にのみ適用されます。各ページの下にある「プライバシーオプション」でいつでも設定を変更することができます。同意する必要はありませんが，同意されない場合，一部の個別のコンテンツや広告が機能しない可能性があります。当社のパートナー会社は，お客様のデータを以下の目的で使用いたします。

コメント

ポップアップ表示の冒頭には，ホームページにおいてクッキーを使用している旨を記載することが多い。ホームページ利用者に一見して分かるように記載する必要があるため，他の文字よりもフォントサイズを大きくしたり，太字にしたりするなどして工夫するとよい。

それに続き，クッキーの使用についてホームページ利用者に同意を求める旨を記載している。

このポップアップ表示のように，ホームページ利用者がいつでも設定を変更することができること，クッキーを使用する会社名，クッキーの使用に同意しない場合の留意点などについても記載するとよい。また，これに加えて，会社のクッキーポリシーのリンクを掲載することも考えられる。

デバイスの情報の保存および／またはアクセス

クッキー，デバイス識別子，その他の情報は，お客様に合った情報を提供することを目的として，お客様のデバイスに保管またはアクセスされます。

パーソナライズド広告とコンテンツ，広告とコンテンツ測定，オーディエンスインサイトと製品開発

広告とコンテンツは，分析結果に基づいて個別化することができます。広告とコンテンツをより適切に個別化するために，より多くのデータを追加できます。広告とコンテンツのパフォーマンスを測定できます。広告やコンテンツに対するオーディエンスインサイトを引き出すことができます。データは，ユーザーエクスペリエンス，システム，ソフトウェアを構築または改善するために使用することができます。

正確な位置情報データおよびデバイススキャンによる識別

正確な位置情報およびデバイス特性に関する情報を使用することができます。

当社のパートナー会社のリストとお客様の情報がどのように使用されるかを確認する場合，以下の「オプション」をクリックしてください。また，当社のパートナー会社がお客様のデータを使用する正当な利益を主張している根拠を確認し，ご希望の場合はデータの使用に異を唱えることもできます。

コメント

クッキーを使用する目的はさまざまであるため，いかなる目的でクッキーを使用するのかについて，詳細に記載することが望ましい。

このポップアップ表示では，①デバイスの情報の保存・アクセス，②パーソナライズド広告とコンテンツ，広告とコンテンツ測定，オーディエンスインサイトと製品開発，③正確な位置情報データおよびデバイススキャンによる識別，を目的とする旨を記載している。これだけでは使用目的が不明瞭であるから，それぞれについて２～３行程度で説明を加えている。

なお，②にいう「パーソナライズド広告」など，海外のポップアップ表示に見られる言葉をどのように和訳して用いるか難しい場合がある。この和訳例のようにそのまま表記した場合は，「ホームページ利用者の趣味趣向を分析した結果に基づき個別に表示される広告」などと説明を加えると分かり易いだろう。

本書式は，ホームページにおけるクッキー利用の理由を具体的に列挙している。ポップアップの「Options」をクリックすると，それぞれのクッキーへの同意・不同意を設定することができるようになっている。とくに，ホームページのベンダーについてそれぞれ同意・不同意を選択することができるようになっている点が興味深い。また，ホームページの各ページ下部にある「Privacy Options」をクリックすれば，いつでも設定を変更することができるようになっている。

次に紹介するのは，アイルランド共和国のあるスポーツ団体のホームページに出てくるポップアップ表示である。

〈参考訳〉

クッキーの利用について

当社は，当サイトを機能させるためにネセサリー・クッキーを使用しています。また，当社は，選択的アナリティクスとソーシャルメディア・クッキーを設定することにより，当サイトの改善に役立てたいと考えています。当社は，お客様が有効にしない限り，任意のクッキーを設定しません。本ツールを使用すると，お客様の設定を記憶するために，お客様のデバイスにクッキーが設定されます。

当社が使用するクッキーの詳細は，当社のクッキーページをご参照ください。

コメント

クッキーを使用する目的やクッキーの種類はさまざまであるため，これらのすべてをポップアップ表示に記載することは困難である。そのため，会社が使用するクッキーの詳細について記載したページを設けておくことが望ましい。

このポップアップ表示では，「会社が使用するクッキーの詳細は，当社のクッキーページをご参照ください。」と記載した上で，クッキーページのリンクを掲載している。

なお，リンク先のクッキーページには，①クッキーについて，②クッキーの使用方法，③クッキーを無効にする方法，④クッキーの種類，⑤サードパーティ・クッキー，⑥その他の情報に関する記載があり，問い合わせ先のメールアドレスも掲載されている。

このように，ホームページ利用者に充分な情報提供を行うことは，ホームページ利用者による「任意の同意」に資するといえる。

ネセサリー・クッキー

ネセサリー・クッキーにより，クッキーの設定などのコア機能が有効になり，お客様のクッキーの設定が記憶されます。ブラウザの設定を変更することでこれらを無効にすることができますが，ウェブサイトの機能に影響を与える可能性があります。

アナリティクス・クッキー

アナリティクス・クッキーは，当サイトの使用状況に関する情報を収集して報告することにより，当サイトの改善に役立ちます。

ソーシャルメディア・クッキー

当サイトでは，さまざまな方法でソーシャルネットワークに接続できるソーシャルメディアボタンおよび／またはソーシャルプラグインを使用しています。これらを機能させるために，フェイスブックやツイッターを含む以下のソーシャルメディアサイトは，そこで有効または無効にできる当サイトを介してクッキーを設定します。

ターゲティング／広告クッキー

ターゲティング／広告クッキーは，当社の広告パートナーにより当サイトを通じて設定される場合があります。これらのクッキーは，お客様の興味の分析結果を構築し，他のサイトでお客様に関連する広告を表示するために当社の広告パートナーにより使用される場合があります。これらのクッキーは，ブラウザとインターネットデバイスを一意に識別することに基づいています。これらのクッキーを許可しない場合，ターゲットを絞った広告が表示されることが少なくなります。

コメント

ホームページ利用者にクッキーの使用を同意してもらうにあたり，いかなる目的でクッキーを使用するのかについて記載することが必要不可欠である。

このポップアップ表示では，クッキーの種類を「ネセサリー･クッキー」と「任意のクッキー」の2つに大別し，それぞれの目的を詳細に説明している。

ここにいう「ネセサリー・クッキー」とは，文字通り，「必要な」クッキーのことをいい，ホームページ利用者がホームページを利用する上で必要不可欠なものをいう。たとえば，オンラインショッピングの「買い物かご」に入れた商品の情報などがこれに該当する。

冒頭にホームページにおけるクッキー利用の理由を記載し，クッキーに関する詳細はページへのリンク先にアクセスすることで把握できる。また，それぞれのクッキーへの同意・不同意を設定することができるようになっている。

日本の企業のホームページにおいても，クッキーに関するポップアップ表示が増えてきた。次に紹介するのは，クラウドセキュリティ事業などを行う外資系企業のホームページに出てくるポップアップ表示である。

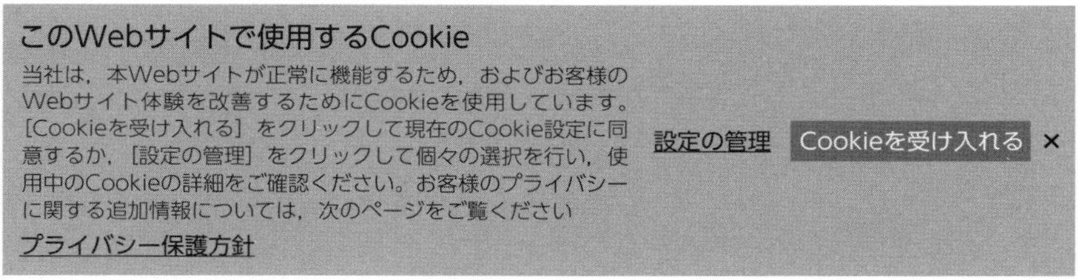
このWebサイトで使用するCookie
当社は，本Webサイトが正常に機能するため，およびお客様のWebサイト体験を改善するためにCookieを使用しています。［Cookieを受け入れる］をクリックして現在のCookie設定に同意するか，［設定の管理］をクリックして個々の選択を行い，使用中のCookieの詳細をご確認ください。お客様のプライバシーに関する追加情報については，次のページをご覧ください
プライバシー保護方針
設定の管理
Cookieを受け入れる
×

本書式は，企業の「プライバシー保護方針」のリンク先を掲載しているほか，「設定の管理」からそれぞれのクッキーへの同意・不同意を設定することができるようになっている。

以前は，「本ホームページの利用を継続することによりクッキーの使用に同意したものとみなします。」といった表示が多かったが，このように，ホームページ閲覧者の「同意」を求める表示が増えてきた。

◆ クッキーポリシーの例

日本の企業でも，クッキーに関するわかりやすい説明のために次頁の例のような「クッキーポリシー」を作成し，公表している例が増えている。企業によって説明のしかたは異なるが，今後はクッキーの種類ごとに機能を明示した，わかりやすい説明が必要となるだろう。

クッキーポリシー

このウェブサイトでは，クッキーを使用しております。
クッキーとは，利用するデバイス上に保存される小さなファイルで，文字と数字で構成されています。これらは個人を特定することはありませんが，これにより会社（以下「当社」といいます。）は閲覧に使用されたデバイスやトラフィックを認識できるようになります。
本ポリシーでは，当社が使用しているクッキーの使用目的や種類などについて説明します。

使用しているクッキーの種類・内容
本ウェブサイトでは下記の２種類のCookieを，それぞれ次の目的において利用しています。
(1)　必要不可欠なCookie
このCookieは，サイト内の自由な移動や各種機能の利用に不可欠なものです。この必要不可欠なCookieを無効にすると，サイトのセキュアなページへのアクセス等ができなくなります。なお，このカテゴリーのCookieにより収集した情報から，個人が識別されることはありません。
(2)　ファーストパーティ・アナリティクスCookie
これらのクッキーにより，G-○○○○の機能が有効となり，当社がウェブサイトの閲覧状況を分析したり，ウェブサイトを改善したりできるようになります。このCookieが個人を識別するための情報を収集することはありません。
前述したように，このウェブサイトでは，Ｇ社が提供するウェブサイトアクセス解析サービスであるG-○○○○を利用しています。G-○○○○は，クッキーを使用してウェブサイトの閲覧履歴を分析し，レポートを作成します。G-○○○○のクッキーによって生成されるウェブサイトの閲覧に関する情報は，Ｇ社のサーバーに保存されます。G-○○○○のクッキーにより収集されたデータは，26か月の経過により，自動的にＧ社のサーバーから削除されます。

クッキーおよびブラウザの設定について

ブラウザの設定を変更することで，クッキーの収集を制限または拒否することができます。
また，G社によるオプトアウトアドオンのダウンロードページにて，「G-○○○○オプトアウトアドオン」をダウンロードおよびインストールし，ブラウザのアドオン設定を変更することで，G-○○○○を無効化することが可能です。
なお，G-○○○○を無効化した場合，当サイト以外のウェブサイトでもG-○○○○は無効になりますが，再設定することにより，再度G-○○○○を有効にすることも可能です。
なお，G-○○○○の詳細については，次のリンクをご参照下さい。
https://support.○○○×××/analytics/answer/

本ポリシーの変更／お問合せ先

当社は，いつでもこのページの内容を変更する可能性があります。その場合，最新の内容はこのウェブサイトに掲載いたします。
本クッキーポリシーについてのご相談もしくは疑問，または個人情報（クッキーを含む）のアクセス，訂正，消去，処理の制限，データポータビリティの権利に関してご請求等がある場合は，「お問合せフォーム」にてご連絡下さい。

10 規約と同意

◆ 規約とはどのような「書式」か

「規約」は，関係者間で相談，協議して決めた決まりであり，通常は団体の内部組織に関する定めをいう（『法律用語辞典』〔第５版〕有斐閣）。会員規約，利用規約，個人情報保護規約など，日常生活において，さまざまな規約を目にするが，これらはいずれも，会社が定めた決まりを，外部向けに公開したものである。

会社が会員登録などで取得した個人情報やデータの取扱いについては，当該サービスの利用規約や個人情報保護規約などで定められていることが多い。もっとも，これらは，あくまでも会社内部で定めた決まりであり，情報提供者である本人が決まりの修正などを要請することは予定されていない。いわば，本人は，自己の個人情報やデータの取扱いについて，会社側から一方的に決められている。

個人情報・データは本来，本人がコントロールできてしかるべきものである。そうであるとすると，少なくとも，会社は，定めた規約に同意するか否かについて，本人に意思表示をする機会を提供すべきであろう。

以下に挙げた具体例では，同意書の形式をとってはいるものの，必ずしも本人の自由意思に基づいた同意になっていないものや，同意にあたって本人に十分な情報提供がなされていないものがある。

◆ 友人紹介キャンペーンにおける同意書フォームの例

人材派遣会社などでは，自社の利用者数や登録者数を増やすため，知り合いや家族を紹介した利用者に謝礼等を支払う，いわゆる友人紹介キャンペーンを実施することがある。友人紹介キャンペーンの応募においても，個人情報の取扱いが問題となる。

本フォームは，ウェディング事業会社が行った友人紹介キャンペーンの応募申請フォームである（一部を加工・修正した）。

<table><tr><td>

ご紹介申請フォーム

ご紹介キャンペーンへのご応募ありがとうございます。
下記の事項について，同意のうえ，ご応募ください。

適用条件
(中略)

注意事項
●謝礼金のお支払は，紹介がなされた月の翌月末となります。
●ご紹介いただいた方がご契約の際は，指定の連絡先にご連絡差し上げます。
(中略)
●お預かりした個人情報は，本キャンペーン以外の目的には一切使用しません。(※１)
>　個人情報のページへ

下記送信頂くことにより，利用規約に同意したこととなります。
ご登録前には，利用規約の各条項をよくお読みいただき，ご応募ください。

□ 私は上記応募規約に同意した上で，応募します。(※２)

利用規約に同意して応募する▶

</td></tr></table>

（※１）　本フォームの注意事項において，会社が取得した応募者の個人情報は，キャンペーン以外の目的に一切使用しない旨の記載がある。その下に，会社のプライバシーポリシーが記載されたページにアクセスするためのリンクが掲載されている。

G社事件（67頁以下参照）においては，個人データの処理目的などの情報が，複数のドキュメントに分散していた点が問題視された。本フォームも，会社の個人情報取扱いに関する基本方針や個人情報の範囲について把握するためには，リンク先をクリックしなければならない。そのため，本フォームそれ自体からは，いかなる情報が「個人情報」に該当するか明らかでなく，問題であろう。

また，G社事件においては，処理目的の記載が一般的で曖昧である点も問題視された。本フォームの注意事項は，個人情報は「本キャンペーン以外の目的には一切使用しません」とする。本フォームにいう「本キャンペーン……の目的」が何であるかを具体的に明示する必要があろう。

なお，個人情報保護法19条は，個人情報取扱事業者に対して，個人データを「利用する必要がなくなったときは，……遅滞なく消去するよう努めなければならない」と規定している。本フォームにおいても，「お預かりした個人情報は，キャンペーン終了後遅滞なく消去いたします」などと記載するとよいであろう。

（※2） 本フォームでは，応募者が応募規約に同意した旨の□に✓を入れなければ，応募ページに進むことができないようになっている（予め☑が入っているわけではない)。この点で，応募者は，自らの意思で個人情報の提供に同意したうえで，応募ページへ進むことができる。

◆ 懸賞キャンペーンの応募規約の例

製菓会社や食品販売会社などでは，自社商品の購買促進を目的として，対象商品を購入することにより，一定数の当選者を対象に，商品券や他の関連商品などの賞品を付与する懸賞キャンペーンを行うことがある。最近では，従来型のはがきによる応募のほか，会社ホームページやSNS上での応募がなされることも多く，個人情報の取扱いが問題となる。

本フォームは，製菓会社が行ったキャンペーンの応募申請フォームである（一部を加工・修正した)。冒頭部分にキャンペーンの紹介が記載され，その下に応募ページへ進む旨のバナー，さらにその下に応募規約が記載されている。

（キャンペーン紹介部分省略）

応募はこちら！

【応募規約】
株式会社○○○（以下,「当社」といいます）が主催する「△△△キャンペーン！」（以下,「本キャンペーン」といいます）にご応募いただく前に，本規約をよくお読みいただき，同意のうえ，ご応募ください。本キャンペーンにご応募された場合，本規約に同意いただいたものとみなします。(※１)

■賞品・当選数
○○○○○　　毎月50名様

■キャンペーン期間
2021年４月１日（木）～2021年10月１日（金）
(中略)
■個人情報の取扱いについて（※２）
本キャンペーンにてご応募いただいたお客様の個人情報は，当社の「プライバシーポリシー」に従って厳重に管理し，当選通知，賞品発送および賞品発送に伴う連絡に利用させていただきます。
また，個人を特定しない形でのサービス向上のための統計データとして利用させていただきます。個人情報をお客様の同意なしに第三者提供することはありません。ただし,法令に基づいて開示請求された場合はこの限りではありません。
https://www.○○○×××/

■Cookieの利用について（※３）
本サイトではCookie（クッキー）を利用しています。
より良いサービスを提供するためにCookie（クッキー）を利用しておりますが,Cookie（クッキー）に個人を特定する情報は含まれておりません。

■その他
本応募規約は日本法に準拠するものとします。
本キャンペーンに関連する一切の紛争は，東京地方裁判所を第一審の専属的合意管轄裁判所とさせていただきます。

■キャンペーンに関するお問い合わせ
△△△キャンペーン事務局
フリーダイヤル：0120-○○○-×××
開設期間：2021年3月25日（木）～
9：00～17：00　※土日祝日を除く

（※1）本規約は，応募により本利用規約に同意したものとみなされると定めている。応募者としては，いち早く応募画面に進みたいと思うあまり，応募規約の条項を確認することなく，「応募する」のボタンをクリックすると考えられる。本人の自由意思に基づく同意という点からは，少なくとも，同意するか否かの☑を設定するべきであろう。

（※2）本規約において，個人情報の取扱いについての規定が定められている。個人情報の利用目的および方法のほか，原則として第三者提供をしない旨を明記している。もっとも，「個人情報」にいかなる情報が含まれるのかについては，リンク先のプライバシーポリシーを閲覧しなければならず，本規約それ自体からは明らかではない点は問題があろう。

なお，個人情報保護法19条は，個人情報取扱事業者に対して，個人データを「利用する必要がなくなったときは，……遅滞なく消去するよう努めなければならない」と規定している。本規約においても，「お預かりした個人情報は，キャンペーン終了後遅滞なく消去いたします」などと記載するとよいであろう。

（※3）本規約では，ホームページ上でクッキーを利用している旨の規定が定められている。そして，クッキーは，「個人を特定する情報は含まれておりません」としている。

なお，ホームページによっては，プライバシーポリシーや個人情報保護規程において，クッキーそれ自体は個人情報に該当しないとしながらも，クッキーの利用目的および方法を開示する旨を記載するものもある。また，プライバシーポリシーや個人情報保護規程とは別に，クッキーポリシーを定める会社もある。GDPRがクッキーを保護すべき対象に含めていること，クッキーが他の情報と相まって個人を特定することが可能になることを踏まえると，少なくとも，クッキーの利用目的および方法は明示しておくべきである。

◆ 個人情報の取扱いに関する記載例

会員登録，サービス利用，採用への募集など，会社はさまざまな場面で個人情報を収集する。同時に，個人は，さまざまな場面で会社に対して個人情報を提供する。その際，会社は，個人に対し，収集した個人情報をどのように取り扱うかについて記載した文書を交付したり掲載したりすることがある。

本文書は，会社が開催するキャンペーンの応募者に対して，応募者に提供してもらった個人情報をどのように取り扱うかについて記載したものである。

キャンペーンにご応募されたお客様の個人情報の取扱い

株式会社●●●●（以下「当社」といいます。）は，当社が行う各種キャンペーンのご応募に伴いお客様からご提供いただく個人情報を，以下のとおり取り扱います。

1　個人情報の利用に関して

当社は，以下の目的で個人情報を利用します。

(1)　キャンペーン応募の受付およびご連絡

(2)　キャンペーン商品の発送等，キャンペーンにおけるサービスの提供

(3)　製品開発やサービス改善のための購買実態調査やアンケート等のお願い

(4)　メールマガジンの配信

コメント

個人情報の利用目的を列挙している。個人情報保護法上，個人情報取扱事業者は，個人情報の利用の目的を「できる限り特定」しなければならない（法15条１項）。そのため，利用目的は，漏らすことなく，具体的に記載する必要がある。

なお，本文書は，会社が開催するキャンペーンの応募者から提供された個人情報の取扱いについて定めたものである。そのため，キャンペーンと関係のない目的を記載することは避けるべきである。たとえば，４号のメールマガジンの配信は，キャンペーンと関係のあるメールマガジンに限定する旨を明記することが望ましい。

2　個人情報の第三者提供について

当社は，当社がお預かりする個人情報について，事前にお客様ご本人の同意を得ることなく第三者に提供することは致しません。

コメント

個人情報取扱事業者は，あらかじめ本人の同意を得ないで，個人データを第三者に提供してはならない（法23条1項）。もっとも，法はその例外を認めており，法23条1項各号に該当する場合は，本人の同意を得ることなく第三者提供を認めている。

本文書は，この例外事由の記載がなく，いかなる場合にも本人の同意を得ずに第三者提供をしないとの書きぶりになっているため，本人に過度の期待を抱かせてしまうおそれがある。

3　個人情報の管理について

当社がお預かりする個人情報は，当社の業務上必要な者だけが利用できるようアクセス権を限定しています。オフラインでも，業務上必要な者だけに個人情報を利用できるよう制限し，「個人情報保護方針」，「個人情報取扱規程」，「個人情報取扱細則」を定めるなど，個人情報の保護のための予防策を講じています。

コメント

個人情報の管理について記載している。個人情報を提供した者にとって，個人情報取扱事業者において提供した情報がどのように管理されているのかについては，最大の関心事である。そのため，個人情報保護法を始めとする法令を遵守すること，個人情報を利用する従業員の教育を徹底していること，社内規則を制定していること，などを詳細に記載することが望ましい。

4　業務委託する場合について

上記「1」に記載する目的のための業務を行うにあたり，当社は，個人情報を第三者に委託することがあります。そのような場合，個人情報保護水準が高いことを条件とし，当社で最善の考慮をした上で委託先を選定します。委託にあたっては，当社と業務委託先との間で秘密保持契約を締結します。なお，当該業務委託先が当社からの受託業務遂行以外の目的で個人情報を利用または提供することは禁止されております。

上記「1」に記載する目的以外でお客様の個人情報を第三者に委託する必要がある場合，事前にその旨をお知らせします。その際，お客様は，個人情報の開示を拒否することができます。

コメント

個人情報取扱事業者は，個人データの取扱いの全部又は一部を委託する場合は，その取扱いを委託された個人データの安全管理が図られるよう，委託を受けた者に対する必要かつ適切な監督を行わなければならない（法22条）。

ここにいう「必要かつ適切な監督」について，「個人情報の保護に関する法律についてのガイドライン（通則編）」３－４－４は，①適切な委託先の選定，②委託契約の締結，③委託先における個人データ取扱状況の把握をしなくてはならないとしている。

本文書においては，①～③のいずれについても抽象的な記載にとどまっている。特に①については，「個人情報保護水準が高いことを条件とし，当社で最善の考慮をした上で委託先を選定します」と記載しており，どのような点を「考慮」するのかが不明瞭である。委託先選定の条件を列挙するなど，具体的に記載することが望ましい。

5　個人情報の修正・更新について

当社がお預かりする個人情報は，お客様の個人の権利を尊重し，お客様から登録情報の利用目的の通知・開示・利用停止・第三者への提供の停止，登録内容の変更・追加・訂正・削除を求められた際は，速やかに対応いたします。メールまたは電話にて当社窓口にご連絡ください。その際，お客様ご本人またはお客様の代理人であることを確認させていただきます。

【個人情報相談窓口】

電話：03-XXXX-XXXX ／ メール：kojinjouhou@xxx.co.jp

6　個人情報の提供の任意性について

個人情報を当社に提供されるか否かは，お客様ご自身のご判断によります。なお，ご提供されない場合，適切なサービスが提供できない場合がございますので，ご了承ください。

コメント

本文書のように，個人情報を提供しない場合に生じる不利益に関する記載は，よく見かけるところである。もっとも，記載の内容次第では，事実上個人情報の提供を義務付けるかのように捉えられるおそれもあるため，注意が必要である。

本文書においては，かかる不利益について，「適切なサービスが提供できない場合がございます」と記載している。ここにいう「適切なサービス」については，たとえば，「商品の発送ができない場合がございます」などと具体的に記載する必要があろう。

7　クッキーについて

当サイトでは，当サイトへのアクセス情報を取得し，当該情報に基づいて広告を配信するために，クッキーを利用しております。

※当サイトは，G社を含む広告配信事業者の行動ターゲティング広告を利用しています。当該利用において，広告配信事業者が本目的のためクッキーを利用しています。なお，クッキーにお客様の個人情報が判明するような情報等は含まれておりません。

お客様は当サイトから送られるクッキーをブラウザの設定で拒否することが可能ですが，その場合，当社が提供するサービスの一部を受けることができなくなることがあります。

この広告の無効化を希望されるお客様は 広告配信事業者のオプトアウトページにアクセスして，クッキーの使用を無効にできます。

ブラウザの変更，クッキーの削除および新しいパソコンへの変更等の場合，再度設定が必要となります。

お客様は，広告のオプトアウトページでY社やG社のクッキーを使用しないよう設定できます。オプトアウトを行っていない場合，Y社やG社のほか，第三者配信事業者または広告ネットワークのクッキーも使用される可能性があります。

広告配信事業者のオプトアウトページは以下の通りです。

1．Y社：http://○○○…/××.html

2．G社：http://×××…/××.html

コメント

日本の企業のホームページにおいても，クッキーに関するポップアップ表示が増えてきた。とはいえ，欧米に比べると，クッキーが何であるかについて広く理解されているとは言い難い。そのため，クッキーの説明や種類など，一般的な説明を加えておくとよい。また，社内でクッキーポリシーなどの規程を作成している場合は，併せてそのリンクを掲載するとよい。

8　お問い合せ窓口について

その他，個人情報の取り扱いにつきましてご質問・ご意見などございましたら，以下の窓口までお問い合せ下さい。

個人情報相談窓口

株式会社●●●●　個人情報保護管理責任者　　甲野　太郎

電話：03-XXXX-XXXX ／ メール：kojinjouhou@xxx.co.jp

第3部

ポリシー，規程類，同意書などのひな型集

1　個人情報保護規程

個人情報取扱事業者は，取り扱う個人データの漏えい等の防止その他の個人データの安全管理のために，取得，利用，保存，提供，削除・廃棄等の段階ごとに，取扱方法，責任者・担当者およびその任務等について定める個人データの取扱規程を策定することが求められる（「個人情報の保護に関する法律についてのガイドライン（通則編）７－２」）。

その際に，組織的安全管理措置，人的安全管理措置，物理的安全管理措置について具体的に定めることはもちろん，パソコン等の機器を含む情報システムを使用して個人データを扱う場合には，技術的安全管理措置についても織り込むことが重要となる。

以下に掲げた書式の例は，大阪府が，福祉関係事業者の参考となるように，全国社会福祉協議会の規程例を基本として作成した個人情報保護規定の参考例である（一部改変している）。

なお，福祉関係事業者のうち，障害福祉サービス事業者については，「手話，点字等の方法により本人に対し，その利用目的を明示することや，ホームページへの音声データの掲載を行うこと，知的障害者等に対してあらかじめ必要な情報が本人の知り得る状態にあることを平易な表現を用いて説明すること」などが求められているため（「『個人情報の保護に関する法律についてのガイドライン』及び『個人データの漏えい等の事案が発生した場合等の対応について』に関するＱ＆Ａ」のQ1-32），当該事業者が個人情報の取得や第三者提供を行う際には，これらの点に適切に配慮する必要がある。

個人情報保護規程

目　次

第１章　総　則

（目的）

第１条　この規程は，個人情報が個人の人格尊重の理念のもとに慎重に取り扱われるべきものであることにかんがみ，○○○会（以下「本会」という。）が保有する個人情報の適正な取扱いの確保に関し必要な事項を定めることにより，本会の事業の適正かつ円滑な運営を図りつつ，個人の権利利益を保護することを目的とする。

（定義）

第２条　この規程における用語の定義は，次の各号に定めるところによる。

⑴　個人情報　生存する個人に関する情報であって，当該情報に含まれる氏名，生年月日その他の記述又は個人別に付された番号，記号その他の符号により当該個人を識別できるもの（当該情報のみでは識別できないが，他の情報と容易に照合することができ，それにより当該個人を識別できることとなるものを含む。）をいう。

⑵　個人情報データベース等　特定の個人情報をコンピュータを用いて検索することができるように体系的に構成した個人情報を含む情報の集合物，又はコンピュータを用いていない場合であっても，紙媒体で処理した個人情報を一定の規則にしたがって整理又は分類し，特定の個人情報を容易に検索することができる状態においているものをいう。

(3) 個人データ　個人情報データベース等を構成する個人情報をいう。

(4) 保有個人データ　本会が開示，訂正，追加，削除，利用の停止，消去及び第三者への提供の停止を行うことのできる権限を有する個人データであって，その存否が明らかになることにより，本人又は第三者の生命，身体又は財産に危害が及ぶおそれがあるもの，又は違法若しくは不当な行為を助長し，又は誘発するおそれがあるもの以外をいう。

(5) 本人　個人情報から識別され，又は識別され得る個人をいう。

(6) 従業者　本会の指揮命令を受けて本会の業務に従事する者をいう。

(7) 匿名化　個人情報から当該情報に含まれる氏名，生年月日，住所の記述等，個人を識別する情報を取り除くことで特定の個人を識別できないようにすることをいう。

(本会の責務)

第３条　本会は，個人情報保護に関する法令等を遵守するとともに，実施するあらゆる事業を通じて個人情報の保護に努めるものとする。

第２章　個人情報の利用目的の特定等

(利用目的の特定)

第４条　本会は，個人情報を取り扱うに当たっては，その利用の目的（以下「利用目的」という。）をできる限り特定するものとする。

2　本会は，利用目的を変更する場合には，変更前の利用目的と相当の関連性を有すると合理的に認められる範囲で行うものとする。

3　本会は，利用目的を変更した場合は，変更した利用目的について，本人に通知し，又は公表するものとする。

(事業ごとの利用目的等の特定)

第５条　本会は，別に定める様式により，個人情報を取り扱う事業ごとに個人情報の種類，利用目的，利用・提供方法等を定める「個人情報取扱業務概要説明書」を作成するものとする。

(利用目的外の利用の制限)

第６条　本会は，あらかじめ本人の同意を得ることなく前２条の規定により特定された利用目的の達成に必要な範囲を超えて個人情報を取り扱わないものとする。

2　本会は，合併その他の事由により他の法人等から事業を継承することに伴って個人情報を取得した場合は，あらかじめ本人の同意を得ないで継承前における当該個人情報の利用目的の達成に必要な範囲を超えて，当該個人情報を取り扱わないものとする。

3　前2項の規定にかかわらず，次の各号のいずれかに該当する場合には，あらかじめ本人の同意を得ないで前2条の規定により特定された利用目的の範囲を超えて個人情報を取り扱うことができるものとする。

(1)　法令に基づく場合

(2)　人の生命，身体又は財産の保護のために必要がある場合であって，本人の同意を得ることが困難であるとき

(3)　公衆衛生の向上又は児童の健全な育成の推進のために特に必要がある場合であって，本人の同意を得ることが困難であるとき

(4)　国の機関若しくは地方公共団体又はその委託を受けた者が法令の定める事務を遂行することに対して協力する必要がある場合であって，本人の同意を得ることにより，当該事務の遂行に支障を及ぼすおそれがあるとき

4　本会は，前項の規定に該当して利用目的の範囲を超えて個人情報を取り扱う場合には，その取り扱う範囲を真に必要な範囲に限定するものとする。

第3章　個人情報の取得の制限等

(取得の制限)

第7条　本会は，個人情報を取得するときは，利用目的を明示するとともに，適法かつ適正な方法で行うものとする。

2　本会は，思想，信条及び宗教に関する個人情報並びに社会的差別の原因となる個人情報については取得しないものとする。

3　本会は，原則として本人から個人情報を取得するものとする。ただし，次の各号のいずれかに該当する場合は，この限りでない。

(1)　本人の同意があるとき

(2)　法令等の規定に基づくとき

(3)　個人の生命，身体又は財産の安全を守るため緊急かつやむを得ないと認められるとき

(4)　所在不明，判断能力が不十分等の事由により，本人から取得することが

できないとき

(5) 相談，援助，指導，代理，代行等を含む事業において，本人から取得したのではその目的を達成し得ないと認められるとき

4 本会は，前項第4号又は第5号の規定に該当して本人以外の者から個人情報を取得したときは，その旨及び当該個人情報に係る利用目的を本人に通知するよう努めるものとする。

(取得に際しての利用目的の通知等)

第8条 本会は，個人情報を取得した場合は，あらかじめその利用目的を公表している場合を除き，速やかに，その利用目的を本人に通知し，又は公表するものとする。

2 本会は，前項の規定にかかわらず，本人との間で契約を締結することに伴って契約書その他の書面に記載された当該本人の個人情報を取得する場合その他本人から直接書面に記載された当該本人の個人情報を取得する場合は，あらかじめ，本人に対し，その利用目的を明示するものとする。ただし，人の生命，身体又は財産の保護のために緊急に必要がある場合には，この限りでない。

3 前2項の規定は，次に掲げる場合については適用しない。

(1) 利用目的を本人に通知し，又は公表することにより本人又は第三者の生命，身体，財産その他の権利利益を害するおそれがある場合

(2) 国の機関若しくは地方公共団体又はその委託を受けた者が法令の定める事務を遂行することに対して協力する必要がある場合であって，利用目的を本人に通知し，又は公表することにより当該事務の遂行に支障を及ぼすおそれがあるとき

第4章 個人データの適正管理

(個人データの適正管理)

第9条 本会は，利用目的の達成に必要な範囲内で，常に個人データを正確かつ最新の状態に保つものとする。

2 本会は，個人データの漏えい，滅失，き損の防止その他の個人データの安全管理のために必要かつ適切な措置を講ずるものとする。

3 本会は，個人データの安全管理のために，個人データを取り扱う従業者に

対する必要かつ適切な監督を行うものとする。

4　本会は，利用目的に関し保存する必要がなくなった個人データを，確実，かつ速やかに破棄又は削除するものとする。

5　本会は，個人情報の取扱いの全部又は一部を本会以外の者に委託するときは，原則として委託契約において，個人データの安全管理について受託者が講ずべき措置を明らかにし，受託者に対する必要かつ適切な監督を行うものとする。

第５章　個人データの第三者提供

（個人データの第三者提供）

第10条　本会は，次に掲げる場合を除くほか，あらかじめ本人の同意を得ないで，個人データを第三者に提供しないものとする。

⑴　法令に基づく場合

⑵　人の生命，身体又は財産の保護のために必要がある場合であって，本人の同意を得ることが困難であるとき

⑶　公衆衛生の向上又は児童の健全な育成の推進のために特に必要がある場合であって，本人の同意を得ることが困難であるとき

⑷　国の機関若しくは地方公共団体又はその委託を受けた者が法令の定める事務を遂行することに対して協力する必要がある場合であって，本人の同意を得ることにより，当該事務の遂行に支障を及ぼすおそれがあるとき

2　次に掲げる場合において，当該個人データの提供を受ける者は，前項の規定の適用については，第三者に該当しないものとする。

⑴　本会が利用目的の達成に必要な範囲内において個人データの取扱いの全部又は一部を委託する場合

⑵　合併その他の事由による事業の承継に伴って個人データが提供される場合

⑶　個人データを特定の者との間で共同して利用する場合であって，その旨並びに共同して利用される個人データの項目，共同して利用する者の範囲，利用する者の利用目的及び当該個人データの管理について責任を有する者の氏名又は名称についてあらかじめ本人に通知し，又は本人が容易に知り得る状態に置いているとき

3　本会は，前項第３号に規定する利用する者の利用目的又は個人データの管理について責任を有する者の氏名又は名称を変更する場合は，変更する内容について，あらかじめ本人に通知し，又は本人が容易に知り得る状態に置くものとする。

第６章　保有個人データの開示，訂正・追加・削除・利用停止

（保有個人データの開示等）

第11条　本会は，本人から，当該本人に係る保有個人データについて，書面又は口頭により，その開示（当該本人が識別される個人情報を保有していないときにその旨を知らせることを含む。以下同じ。）の申出があったときは，身分証明書等により本人であることを確認の上，開示をするものとする。ただし，開示することにより次の各号のいずれかに該当する場合は，その全部又は一部を開示しないことができる。

(1)　本人又は第三者の生命，身体，財産その他の権利利益を害するおそれがある場合

(2)　本会の事業の適正な実施に著しい支障を及ぼすおそれがある場合

(3)　他の法令に違反することとなる場合

2　開示は，書面により行うものとする。ただし，開示の申出をした者の同意があるときは，書面以外の方法により開示をすることができる。

3　保有個人データの開示又は不開示の決定の通知は，本人に対し書面により遅滞なく行うものとする。

（保有個人データの訂正，追加，削除，利用停止，等）

第12条　本会は，保有個人データの開示を受けた者から，書面又は口頭により，開示に係る個人データの訂正，追加，削除又は利用停止の申出があったときは，利用目的の達成に必要な範囲内において遅滞なく調査を行い，その結果の申出をした者に対し，書面により通知するものとする。

2　本会は，前項の通知を受けた者から，再度申出があったときは，前項と同様の処理を行うものとする。

第７章　組織及び体制

（個人情報保護管理者）

第13条　本会は，個人情報の適正管理のため個人情報保護管理者を定め，本会

における個人情報の適正管理に必要な措置を行わせるものとする。

2　個人情報保護管理者は，○○○○とする。

3　○○○○は，会長の指示及び本規程の定めに基づき，適正管理対策の実施，従業者に対する教育・事業訓練等を行う責任を負うものとする。

4　○○○○は，適正管理に必要な措置について定期的に評価を行い，見直し又は改善を行うものとする。

5　○○○○は，個人情報の適正管理に必要な措置の一部を各事業を分掌する従業者に委任することができる。

（苦情対応）

第14条　本会は，個人情報の取扱いに関する苦情（以下「苦情」という。）について必要な体制整備を行い，苦情があったときは，適切かつ迅速な対応に努めるものとする。

2　苦情対応の責任者は，○○○○とするものとする。

3　○○○○は，苦情対応の業務を従業者に委任することができる。その場合は，あらかじめ従業者を指定し，その業務の内容を明確にしておくものとする。

（従業者の義務）

第15条　本会の従業者又は従業者であった者は，業務上知り得た個人情報の内容をみだりに他人に知らせ，又は不当な目的に使用してはならない。

2　本規程に違反する事実又は違反するおそれがあることを発見した従業者は，その旨を個人情報保護管理者に報告するものとする。

3　個人情報保護管理者は，前項による報告の内容を調査し，違反の事実が判明した場合には遅滞なく会長に報告するとともに，関係事業部門に適切な措置をとるよう指示するものとする。

第８章　雑　則

（その他）

第16条　この規程の実施に必要な事項は，別に定めるものとする。

附　則

この規程は，令和　年　月　日から施行する。

以下に掲げる例は，ある国立大学の個人情報保護規程である（一部改変している）。数多くの学生，職員，その他の関係者の膨大な個人データを扱う国立大学法人として，組織的安全管理措置から技術的安全管理措置に至るまで，詳細な規定を設けている。

○○大学個人情報保護規程〔一部省略〕

目　次

第１章　総　則

（目的）

第１条　この規程は，○○大学（以下「本学」という。）の保有個人情報及び個人番号（以下「保有個人情報等」という。）の適切な管理のために必要な事項を定めることにより，本学の業務の適正かつ円滑な運営を図るとともに，個人の権利利益を保護することを目的とする。

２　本学における保有個人情報等の取扱いに関しては，独立行政法人等の保有する個人情報の保護に関する法律（平成15年法律第59号。以下「独立行政法人等個人情報保護法」という。），行政手続における特定の個人を識別するための番号の利用等に関する法律（平成25年法律第27号。以下「番号法」という。）その他関係法令の定めるもののほか，この規程に定めるところによる。

（定義）

第２条　この規程において，次の各号に掲げる用語の意義は，当該各号に定めるところによる。〔以下，省略〕

第２章　個人情報等の保護体制

（総括保護管理者）

第３条　本学に，総括保護管理者１名を置き，総長が指名した理事又は副総長をもって充てる。
２　総括保護管理者は，本学における保有個人情報等の管理に関する事務を総括する。

（保護管理者）

第４条　保有個人情報等を取り扱う各課等に，保護管理者１名を置き，当該課等の長をもって充てる。
２　前項による各課等における保護管理者は，別表〔省略〕のとおりとする。
３　前項のほか，教育，研究及び診療に係る保有個人情報等のうち，教員が保有する場合の保護管理者については，部局長が別に定める。
４　保護管理者は，各課等における保有個人情報等の適切な管理を確保する任に当たる。ただし，保有個人情報等を情報システムで取り扱う場合，保護管理者は，当該情報システムの管理者と連携するものとする。
５　保護管理者は，次に掲げる組織体制を整備しなければならない。
⑴　保有個人情報等の取扱いに従事する職員が本規程等に違反している事実又はそのおそれを把握した場合の保護管理者への報告連絡体制
⑵　保有個人情報等の漏えい，滅失又は毀損等（以下「漏えい等」という。）事案の発生又はそのおそれを把握した場合の職員から保護管理者への報告連絡体制
⑶　保有個人情報等を複数の部署で取り扱う場合の各部署の任務分担及び責任の明確化
⑷　保有個人情報等の情報漏えい等の事案の発生又はそのおそれを把握した場合の対応体制
⑸　個人番号及び特定個人情報（以下「特定個人情報等」という。）を取り扱う職員（以下「特定個人情報等取扱担当者」という。）並びにその役割の指定
⑹　各特定個人情報等取扱担当者が取り扱う特定個人情報等の範囲の指定
６　保護管理者は，各課等における自ら管理責任を有する保有個人情報等の記録媒体，処理経路，保管方法等について，定期に及び必要に応じ随時に点検を行い，必要があると認めるときは，その結果を総括保護管理者に報告する。

7　保護管理者は，特定個人情報等を取り扱う事務を実施する区域を明確にし，物理的な安全管理措置を講じなければならない。

（保護担当者）

第５条　保有個人情報等を取り扱う各課等に，当該課等の保護管理者が指定する保護担当者を１名又は複数名置く。

2　保護担当者は，保護管理者を補佐し，各課等における保有個人情報等の管理に関する事務を処理する。

（監査責任者）

第６条　本学に，監査責任者１名を置き，監事をもって充てる。

2　監査責任者は，保有個人情報等の適切な管理を検証するため，本規程に規定する措置の状況を含む保有個人情報等の管理の状況について，定期に及び必要に応じ随時に監査を行い，その結果を総括保護管理者に報告する。

（委員会）

第７条　本学における保有個人情報等の管理に係る重要事項の決定，連絡・調整等を行うため，関係職員を構成員とする委員会を置く。

2　委員会に関する必要な事項は，別に定める。

（教育研修）

第８条　〔省略〕

第３章　保有個人情報等の取扱い

（職員の責務）

第９条　職員は，独立行政法人等個人情報保護法及び番号法の趣旨に則り，関連する法令及びこの規程等の定め並びに総括保護管理者，保護管理者及び保護担当者の指示に従い，保有個人情報等を取り扱わなければならない。（以下，省略）

（個人情報の保有の制限等）

第10条　〔省略〕

（利用目的の明示）

第11条　〔省略〕

（適正な取得）

第12条　〔省略〕

（正確性の確保）

第13条　〔省略〕

（利用及び提供の制限）

第14条　〔省略〕

第15条　保護管理者は，保有個人情報を提供する場合には，原則として，提供先における利用目的，利用する業務の根拠法令，利用する記録範囲及び記録項目，利用形態等について書面を取り交わすものとする。（以下，省略）

（業務の委託等）

第16条　保有個人情報の取扱いに係る業務を外部に委託する場合には，個人情報の適切な管理を行う能力を有しない者を選定することがないよう，必要な措置を講じなければならない。

2　前項により外部に委託する場合には，当該契約書に，次に掲げる事項を明記するとともに，委託先における責任者及び業務従事者の管理及び実施体制，個人情報の管理の状況についての検査に関する事項等の必要な事項について書面で確認しなければならない。

⑴　個人情報に関する秘密保持，目的外利用の禁止等の義務

⑵　再委託（再委託先が委託先の子会社（会社法（平成17年法律第86号）第２条第１項第３号に規定する子会社をいう。）である場合を含む。以下同じ。）の制限又は事前承認等再委託に係る条件に関する事項

⑶　個人情報の複製等の制限に関する事項

⑷　個人情報の漏えい等の事案の発生時における対応に関する事項

⑸　委託終了時における個人情報の消去及び媒体の返却に関する事項

⑹　違反した場合における契約解除，損害賠償責任その他必要な事項

3　保有個人情報の取扱いに係る業務を外部に委託する場合には，委託する業務に係る保有個人情報の秘匿性等その内容（個人識別の容易性（匿名化の程度等），要配慮個人情報の有無，漏えい等が発生した場合に生じ得る被害の性質・程度等を考慮する。以下同じ。），その量等に応じて，委託先における管理体制及び実施体制並びに個人情報の管理の状況について，少なくとも年１回以上，原則として実地検査により確認しなければならない。

4　委託先において，保有個人情報の取扱いに係る業務が再委託される場合には，委託先に第１項に規定する措置及び第２項に規定する確認を義務付ける

とともに，再委託される業務に係る保有個人情報の秘匿性等その内容に応じて，委託先を通じて又は保護管理者が前項に規定する確認を実施しなければならない。保有個人情報の取扱いに係る業務について再委託先が再々委託を行う場合以降，再委託を繰り返す場合も同様とする。

5　保有個人情報の取扱いに係る業務を派遣労働者によって行わせる場合には，労働者派遣契約書に秘密保持義務等個人情報の取扱いに関する事項を明記しなければならない。

6　保有個人情報を提供又は業務委託する場合には，漏えい等による被害発生のリスクを低減する観点から，提供先の利用目的，委託する業務の内容，保有個人情報の秘匿性その他その内容等を考慮し，必要に応じ，氏名を番号に置き換える等の匿名化措置を講じなければならない。

7　個人番号関係事務の全部又は一部を委託する場合には，委託先において，番号法に基づき本学が果たすべき安全管理措置と同等の措置が講じられるか否かについて，あらかじめ確認しなければならない。

8　個人番号関係事務の全部又は一部の委託をする際には，「委託を受けた者」において，本学が果たすべき安全管理措置と同等の措置が講じられるよう必要かつ適切な監督を行わなければならない。

9　個人番号関係事務の全部又は一部を外部に委託する場合には，第2項にかかわらず，当該契約書に，次に掲げる事項を明記するとともに，委託先の設備，技術水準，従業者（従業員のほか，取締役，監査役，理事，監事，派遣社員等を含む。以下同じ。）に対する監督・教育の状況，その他委託先の経営環境等の必要な事項について書面で確認しなければならない。

(1)　特定個人情報に関する秘密保持，目的外利用の禁止等の義務
(2)　事業所内からの特定個人情報の持出しの禁止の義務
(3)　再委託の制限又は事前承認等再委託に係る条件に関する事項
(4)　特定個人情報の漏えい等の事案の発生時における委託先の責任に関する事項
(5)　委託契約終了時における特定個人情報の返却又は廃棄に関する事項
(6)　特定個人情報を取り扱う従業者に関する事項
(7)　従業者に対する監督・教育，契約内容の遵守状況についての報告の義務
(8)　本学において必要があると認めるときは，委託先に対する実地の監査，

調査等の実施に関する事項

(9) 違反した場合における契約解除，損害賠償責任その他必要な事項

10 委託先における特定個人情報の取扱状況について，当該契約に基づき委託先に対して報告を求めること，委託先に対して実地の監査，調査等を行うこと等により，委託契約で定めた内容の実施の程度を把握した上で，委託の内容等の見直しを検討することを含め，適切に評価しなければならない。

11 個人番号関係事務の全部又は一部を外部に委託する場合において，第４項の規定を適用するにあたっては，「第２項に規定する確認」とあるのは「第９項に規定する確認」と読み替えるものとする。

12 個人番号関係事務の全部又は一部の「委託を受けた者」が再委託をする際には，委託をする個人番号関係事務等において取り扱う特定個人情報の適切な安全管理が図られることを確認した上で再委託の諾否を判断しなければならない。再委託先が再々委託を行う場合以降，再委託を繰り返す場合も同様とする。

（個人情報ファイル簿）

第17条 〔省略〕

（取扱い制限）

第18条 保護管理者は，保有個人情報等の秘匿性等その内容に応じて，当該保有個人情報等を取り扱う権限を有する職員の範囲及び権限の内容を当該職員が業務を行う上で必要最小限の範囲に限らなければならない。〔以下，省略〕

（複製等の制限）

第19条 〔省略〕

（媒体の管理等）

第20条 職員は，保護管理者の指示に従い，保有個人情報等が記録されている媒体を定められた場所に保管するとともに，必要があると認めるときは，耐火金庫への保管，施錠等を行わなければならない。〔以下，省略〕

（保有個人情報等の取扱状況の記録）

第21条 〔省略〕

（独立行政法人等非識別加工情報等の作成及び提供等）

第21条の２ 〔省略〕

（独立行政法人等非識別加工情報等の従事者の義務）

第21条の３　〔省略〕

第４章　情報システムにおける安全の確保等

（アクセス制御）

第22条　保護管理者は，保有個人情報等（情報システムで取り扱うものに限る。以下次条から第29条（第25条を除く。）までにおいて同じ。）の秘匿性等その内容に応じて，パスワード，ICカード，生体情報等（以下「パスワード等」という。）を使用して権限を識別する機能（以下「認証機能」という。）を設定する等のアクセス制御のために必要な措置を講じなければならない。

２　保護管理者は，前項の措置を講ずる場合には，パスワード等の管理に関する定めを整備（その定期又は随時の見直しを含む。）するとともに，パスワード等の読取防止等を行うために必要な措置を講じなければならない。

（利用状況等記録）

第23条　保護管理者は，保有個人情報等の秘匿性等その内容に応じて，当該保有個人情報等の利用状況等を記録（以下「利用状況等記録」という。）し，一定の期間保存するとともに，利用状況等記録を定期に及び必要に応じ随時に分析等するための体制を整備しなければならない。

２　保護管理者は，利用状況等記録の改ざん，窃取又は不正な消去の防止のために必要な措置を講ずるとともに，分析等を行わなければならない。

（不正アクセス等の防止）

第24条　保護管理者は，保有個人情報等を取り扱う情報システムへの外部からの不正アクセスを防止するために必要な措置を講じなければならない。

２　保護管理者は，保有個人情報等の秘匿性等その内容及びその量に応じて，当該保有個人情報等への不適切なアクセスの監視のため，保有個人情報等を含むか又は含むおそれがある一定量以上の情報が情報システムからダウンロードされた場合に警告表示がなされる機能の設定，当該設定の定期的確認等の必要な措置を講じなければならない。

３　保護管理者は，保有個人情報等の秘匿性等その内容に応じて，情報システムの管理者権限の特権を不正に窃取された際の被害の最小化及び内部からの不正操作等の防止のため，当該特権を最小限とする等の必要な措置を講じなければならない。

4　保護管理者は，不正プログラムによる保有個人情報等の漏えい等，滅失又は毀損の防止のため，ソフトウェアに関する公開された脆弱性の解消，把握された不正プログラムの感染防止等に必要な措置（導入したソフトウェアを常に最新の状態に保つことを含む。）を講じなければならない。

5　職員は，保有個人情報等について，一時的に加工等の処理を行うため複製等を行う場合には，その対象を必要最小限に限り，処理終了後は不要となった情報を速やかに消去しなければならない。保護管理者は，当該保有個人情報の秘匿性等その内容に応じて，随時，消去等の実施状況を重点的に確認するものとする。

6　保護管理者は，保有個人情報等の秘匿性等その内容に応じて，その暗号化のために必要な措置を講じなければならない。職員は，これを踏まえ，その処理する保有個人情報等について，当該保有個人情報等の秘匿性等その内容に応じて，適切に暗号化を行うものとする。

（入力情報の照合等）

第25条　職員は，情報システムで取り扱う保有個人情報等の重要度に応じて，入力原票と入力内容との照合，処理前後の保有個人情報等の内容の確認，既存の保有個人情報等との照合等を行わなければならない。

（バックアップ）

第26条　保護管理者は，保有個人情報の重要度に応じて，バックアップを作成し，分散保管するために必要な措置を講じなければならない。

（情報システム設計書等の管理）

第27条　保護管理者は，保有個人情報等に係る情報システムの設計書，構成図等の文書が外部に知られることがないよう，その保管，複製，廃棄等について必要な措置を講じなければならない。

（端末の管理）

第28条　保護管理者は，保有個人情報等の秘匿性等その内容に応じて，その処理を行う端末を限定するために必要な措置を講じなければならない。

2　保護管理者は，端末の盗難又は紛失の防止のため，端末の固定，執務室の施錠等の必要な措置を講じなければならない。

3　職員は，保護管理者が必要があると認めるときを除き，端末を外部へ持ち出し，又は外部から持ち込んではならない。

4　職員は，端末の使用に当たっては，保有個人情報等が第三者に閲覧されることがないよう，使用状況に応じて情報システムからログオフを行うことを徹底する等の必要な措置を講じなければならない。

5　保護管理者は，保有個人情報等の秘匿性等その内容に応じて，当該保有個人情報等の情報漏えい等，滅失または毀損の防止のため，スマートフォン，USBメモリ等の記録機能を有する機器又は媒体の情報システム端末等への接続の制限（当該機器の更新への対応を含む。）等の必要な措置を講じなければならない。

（情報システム室等の入退管理）

第29条　保護管理者は，保有個人情報等を取り扱う基幹的なサーバ等の機器を設置する室その他の区域（以下「情報システム室等」という。）に立ち入る権限を有する者を定めるとともに，用件の確認，入退の記録，部外者についての識別化，部外者が立ち入る場合の職員の立会い又は監視設備による監視，外部電磁的記録媒体等の持込み，利用及び持ち出しの制限又は検査等の措置を講じなければならない。保有個人情報等を記録する媒体を保管するための施設（以下「保管施設」という。）を設けている場合においても，必要があると認めるときは，同様の措置を講じなければならない。

2　保護管理者は，必要があると認めるときは，情報システム室等の出入口の特定化による入退の管理の容易化，所在表示の制限等の措置を講じなければならない。

3　保護管理者は，情報システム室等及び保管施設の入退の管理について，必要があると認めるときは，立入りに係る認証機能を設定し，及びパスワード等の管理に関する定めを整備（その定期又は随時の見直しを含む。）するとともに，パスワード等の読取防止等を行うために必要な措置を講じなければならない。

（情報システム室等の管理）

第30条　保護管理者は，外部からの不正な侵入に備え，情報システム室等に施錠装置，警報装置及び監視設備の設置等の措置を講じなければならない。

2　保護管理者は，災害等に備え，情報システム室等に，耐震，防火，防煙，防水等の必要な措置を講ずるとともに，サーバ等の機器に予備電源の確保，配線の損傷防止等の措置を講じなければならない。

第５章　問題への対応等

(安全確保上の問題への対応)

第31条　保有個人情報等の取扱いに従事する職員が本規程等に違反している事実又はそのおそれを把握した場合，保有個人情報等の情報漏えい等の事案の発生又はそのおそれを把握した場合等，安全確保の上で問題となる事案又は問題となる事案の発生のおそれを認識した場合に，その事案等を認識した職員は，直ちに当該保有個人情報等を管理する保護管理者に報告しなければならない。

2　保護管理者は，被害の拡大防止又は復旧等のために必要な措置を速やかに講じなければならない。ただし，外部からの不正アクセスや不正プログラムの感染が疑われる当該端末等のLANケーブルを抜く等，被害拡大防止のため行い得る措置については，直ちに行うものとする。

3　保護管理者は，事案の発生した経緯，被害状況等について調査し，速やかに総括保護管理者に報告しなければならない。ただし，特に重大と認める事案が発生したときは，直ちに総括保護管理者に当該事案の内容等について報告しなければならない。

4　総括保護管理者は，前項の規定に基づく報告を受けたときは，事案の内容等に応じて，当該事案の内容，経緯，被害状況等について総長に速やかに報告するものとする。

5　総括保護管理者は，事案の内容等に応じて，事案の内容，経緯，被害状況等について，文部科学省に対し，速やかに情報提供を行う。

6　保護管理者は，事案の発生した原因を分析し，再発防止のために必要な措置を講じなければならない。

(公表等)

第32条　〔省略〕

(苦情処理)

第33条　〔省略〕

（保有個人情報等の管理措置の評価及び見直し）

第34条　〔省略〕

（文部科学省との連携）

第35条　〔省略〕

（雑則）

第36条　〔省略〕

附　則〔省略〕

2 プライバシーポリシー

個人情報・個人データの保護に向けて，プライバシーポリシーがいかに重要であるかは，流出事故例などにも関連して本書第1部，第2部中で繰り返し述べてきた。

以下においては，プライバシーポリシーの実例サンプルを複数収めた。タイトル，長さ，内容いずれをとってもまちまちで異なっている。

内容面では，グループ全体の「基本方針」となっているか，「クッキー」を「個人情報」として扱うかなどの点がポイントになる。

以下に掲げたプライバシーポリシーの例は，冒頭近くに「クッキー・IPアドレス情報」についての説明がある点に特徴がある。

〔クッキー・IPアドレス情報と個人情報との一体的使用の記載を含む例〕

プライバシーポリシー

個人情報の定義

○○会社は，個人情報とは，個人情報の保護に関する法律に規定される生存する個人に関する情報（氏名，生年月日，その他の特定の個人を識別することができる情報），ならびに特定の個人と結びついて使用されるメールアドレス，ユーザーID，パスワード，クレジットカードなどの情報，および個人情報と一体となった趣味，家族構成，年齢その他の個人に関する属性情報であると認識しています。

クッキー・IPアドレス情報

クッキー及びIPアドレス情報については，それら単独では特定の個人を識別することができないため，個人情報とは考えておりません。ただしこれら情報と個人情報が一体となって使用される場合にはこれら情報も個人情報とみなします。○○会社の運営するメディアにおいては，たとえ特定の個人を識別することができなくとも，クッキー及びIPアドレス情報を利用する場合には，その目的と方法を開示してまいります。また，クッキー情報については，ブラウザの設定で拒否することが可能です。クッキーを拒否するとサービスが受けられない場合は，その旨も公表します。

個人情報利用目的の特定

○○会社は，個人情報を取り扱うにあたって，その利用の目的を出来る限り特定します。

個人情報利用の制限

○○会社は，あらかじめご本人の同意を得ず，利用目的の達成に必要な範囲を超えて個人情報を取扱うことはありません。合併その他の理由により個人情報を取得した場合にも，あらかじめご本人の同意を得ないで，承継前の利用目的の範囲を超えて取扱うことはありません。ただし，次の場合はこの限りではありません。

(1) 法令に基づく場合

(2) 人の生命，身体または財産の保護のために必要がある場合であって，ご本人の同意を得ることが困難であるとき

(3) 公衆衛生の向上または児童の健全な育成の推進のために特に必要がある場合であって，ご本人の同意を得ることが困難であるとき

(4) 国の機関もしくは地方公共団体またはその委託を受けた者が法令の定める事務を遂行することに対して協力する必要がある場合であって，ご本人の同意を得ることにより当該事務の遂行に支障を及ぼすおそれがあるとき

個人情報の適正な取得

○○会社は，適正に個人情報を取得し，偽りその他不正の手段により取得することはありません。また，15歳未満の子供から親権者の同意なく個人に関する情報をみだりに収集しないよう留意します。

個人情報の取得に際する利用目的の通知

○○会社は，個人情報を取得するにあたり，あらかじめその利用目的を公表します。ただし，次の場合はこの限りではありません。

(1) 利用目的をご本人に通知し，または公表することによりご本人または第三者の生命，身体，財産その他の権利利益を害するおそれがある場合
(2) 利用目的をご本人に通知し，または公表することにより○○会社の権利または正当な利益を害するおそれがある場合
(3) 国の機関もしくは地方公共団体が法令の定める事務を遂行することに対して協力する必要がある場合であって，利用目的をご本人に通知し，または公表することにより当該事務の遂行に支障を及ぼすおそれがあるとき
(4) 取得の状況からみて利用目的が明らかであると認められる場合

個人情報利用目的の変更

○○会社は，個人情報の利用目的を変更する場合には，変更前の利用目的と相当の関連性を有すると合理的に認められる範囲を超えては行わず，変更された利用目的について，ご本人に通知し，または公表します。

個人情報の安全管理・従業員の監督

○○会社は，個人情報の漏洩，滅失またはき損の防止その他の個人情報の安全管理が図られるよう，個人情報保護規程を定め，従業員に対する必要かつ適切な監督を行います。

委託先の監督

○○会社は，個人情報の取扱いの全部又は一部を委託する場合は，委託

先と機密保持を含む契約の締結，または，○○会社が定める約款に合意を求め，委託先において個人情報の安全管理が図られるよう，必要かつ適切な監督を行います。

第三者提供の制限

○○会社は，次に掲げる場合を除くほか，予めご本人の同意を得ないで，個人情報を第三者に提供しません。

(1) 法令に基づく場合

(2) 人の生命，身体または財産の保護のために必要がある場合であって，ご本人の同意を得ることが困難であるとき

(3) 公衆衛生の向上または児童の健全な育成の推進のために特に必要がある場合であって，ご本人の同意を得ることが困難であるとき

(4) 国の機関もしくは地方公共団体またはその委託を受けた者が法令の定める事務を遂行することに対して協力する必要がある場合であって，ご本人の同意を得ることにより当該事務の遂行に支障を及ぼすおそれがあるとき

(5) 予め次の事項を告知あるいは公表をしている場合

ア 利用目的に第三者への提供を含むこと

イ 第三者に提供されるデータの項目

ウ 第三者への提供の手段または方法

エ ご本人の求めに応じて個人情報の第三者への提供を停止すること

ただし次に掲げる場合は上記に定める第三者には該当しません。

(ア) ○○会社が利用目的の達成に必要な範囲内において個人情報の取扱いの全部または一部を委託する場合

(イ) 合併その他の事由による事業の承継に伴って個人情報が提供される場合

(ウ) 個人情報を特定の者との間で共同して利用する場合であって，その旨並びに共同して利用される個人情報の項目，共同して利用する者の範囲，利用する者の利用目的および当該個人情報の管理につい

て責任を有する者の氏名または名称について，あらかじめご本人に通知し，またはご本人が容易に知り得る状態に置いているとき

個人情報に関する事項の公表等

○○会社は，個人情報に関する次に掲げる事項について，ご本人の知り得る状態に置き，ご本人の求めに応じて遅滞なく回答します。

(1) 個人情報の利用目的（ただし，個人情報の保護に関する法律において，その義務がないと規定されるものは除きます。ご回答しない決定をした場合は，ご本人に対して遅滞なくその旨を通知します。）

(2) 個人情報に関するお問い合わせ窓口

個人情報の開示

○○会社は，ご本人から，個人情報の開示を求められたときは，ご本人に対し，遅滞なく開示します。ただし，開示することにより次のいずれかに該当する場合は，その全部または一部を開示しないこともあり，開示しない決定をした場合には，その旨を遅滞なく通知します。

(1) ご本人または第三者の生命，身体，財産その他の権利利益を害するおそれがある場合

(2) ○○会社の業務の適正な実施に著しい支障を及ぼすおそれがある場合

(3) 他の法令に違反することとなる場合

なお，アクセスログなどの個人情報以外の情報については，原則として開示いたしません。

個人情報の訂正等

○○会社は，ご本人から，個人情報が真実でないという理由によって，内容の訂正，追加または削除（以下「訂正等」といいます。）を求められた場合には，他の法令の規定により特別の手続きが定められている場合を除き，利用目的の達成に必要な範囲内において，遅滞なく必要な調査を行い，その結果に基づき，個人情報の内容の訂正等を行い，その旨ご本人に通知します。

個人情報の利用停止等

○○会社は，ご本人から，ご本人の個人情報が，予め公表された利用目的の範囲を超えて取り扱われているという理由，または偽りその他不正の手段により取得されたものであるという理由により，その利用の停止または消去（以下「利用停止等」といいます。）を求められた場合には，遅滞なく必要な調査を行い，その結果に基づき，個人情報の利用停止等を行い，その旨ご本人に通知します。ただし，個人情報の利用停止等に多額の費用を有する場合その他利用停止等を行うことが困難な場合であって，ご本人の権利利益を保護するために必要なこれに代わるべき措置をとれる場合は，この代替策を講じます。

理由の説明

○○会社は，ご本人からの要求にもかかわらず，

(1) 利用目的を通知しない

(2) 個人情報の全部または一部を開示しない

(3) 個人情報の利用停止等を行わない

(4) 個人情報の第三者提供を停止しない

のいずれかを決定する場合，その旨ご本人に通知する際に理由を説明するよう努めます。

お問い合わせ

○○会社のプライバシーポリシーに関するお問い合わせは，下記担当までお願い致します。

〒□□□-□□□□　東京都●●区××町1-1-1
株式会社○○法務室　プライバシーポリシー管理担当

〔プライバシーポリシーの冒頭に個人情報保護方針を掲げる例〕

プライバシーポリシー

個人情報保護方針

株式会社○○○○は，情報誌，インターネット，モバイル，さらにはイベントやカウンターサービスなど多様なメディアを活用し，人生・生活のさまざまなシーンにおいて，企業や個人の「身近で，楽しい法律相談。」の場を提供しています。当社では事業運営上多くのお客様や従業者の個人情報を取扱うこととなるため，当社倫理綱領に基づいて本方針を定め，個人情報管理体制を確立し，企業として責任ある対応を実現するものとします。

方針１.

個人情報の利用の目的をできる限り特定し，当該目的の達成に必要な範囲内で適切に取扱います。また，目的外利用を行なわないための措置を講じます。

方針２.

個人情報は，適法かつ適正な方法で取得します。

方針３.

個人情報は，本人の同意なく第三者に提供しません。

方針４.

個人情報の管理にあたっては，漏洩・滅失・毀損の防止及び是正，その他の安全管理のために必要かつ適切な措置を講じるよう努めます。

方針５.

個人情報の取扱いにあたっては，その情報を提供した本人が適切に関与し得るよう努め，可能な限り正確かつ最新の内容に保つよう努力します。

方針6.

個人情報保護に関する法令を遵守し，また個人情報保護に関する社内規程を定め，継続的な見直しを行い遵守します。

方針7.

個人情報保護に関する苦情及び相談に対応する窓口を設けて，適切に対応するよう努めます。

株式会社○○○○
代表取締役社長　××××

（附則）
〔省略〕

個人情報の取扱いについて

株式会社○○○○（以下「当社」といいます。）は，当プライバシーポリシーを掲示し，当プライバシーポリシーに準拠して提供されるサービス（以下「本サービス」といいます。）の利用企業・提携企業・団体等（以下「利用企業等」といいます）および本サービスをご利用になる方（以下「ユーザー」といいます。）のプライバシーを尊重し，ユーザーの個人情報（以下の定義に従います。）の管理に細心の注意を払い，これを取扱うものとします。

個人情報

個人情報とは，ユーザー個人に関する情報であって，当該情報を構成する氏名，住所，電話番号，メールアドレス，学校名その他の記述等により当該ユーザーを識別できるものをいいます。また，その情報のみでは識別できない場合でも，他の情報と容易に照合することができ，結果的にユーザー個人を識別できるものも個人情報に含まれます。

個人情報の利用目的

個人情報の利用目的は以下の通りです。利用目的を超えて利用することはありません。

A．ユーザーの個人認証及びユーザー向け本サービスの提供

B．本サービスの利用に伴う連絡・メールマガジン・DM・各種お知らせ等の配信・送付

C．ユーザーの承諾・申込みに基づく，本サービス利用企業等への個人情報の提供

D．属性情報・端末情報・位置情報・行動履歴等に基づく広告・コンテンツ等の配信・表示，本サービスの提供

E．本サービスの改善・新規サービスの開発およびマーケティング

F．キャンペーン・アンケート・モニター・取材等の実施

G．空メール送信者に対するURL情報の配信

H．本サービスに関するご意見，お問い合わせ，クチコミ投稿内容の確認・回答

I．利用規約等で禁じている，商用・転用目的での各種申込行為，各種多重申込，権利譲渡，虚偽情報登録などの調査と，それに基づく当該申込内容の詳細確認

個人情報提供の任意性

当社は，利用目的の達成に必要な個人情報をユーザーに提供していただきます。必ずしもすべての項目にお答えいただく必要はありませんが，特定の質問に回答いただけない場合，本サービスを利用できないことがあります。

個人情報の第三者への提供

当社は，原則として，ユーザー本人の同意を得ずに個人情報を第三者に提供しません。提供先・提供情報内容を特定したうえで，ユーザーの同意

を得た場合に限り提供します。ただし，以下の場合は，関係法令に反しない範囲で，ユーザーの同意なく個人情報を提供することがあります。

A．ユーザーが第三者に不利益を及ぼすと判断した場合

B．公衆衛生の向上または児童の健全な育成の推進のために特に必要がある場合であって，ユーザー本人の承諾を得ることが困難である場合

C．国の機関若しくは地方公共団体またはその委託を受けた者が法令の定める事務を遂行することに対して協力する必要がある場合で，ユーザー本人の同意を得ることによりその事務の遂行に支障を及ぼすおそれがある場合

D．裁判所，検察庁，警察またはこれらに準じた権限を有する機関から，個人情報についての開示を求められた場合

E．ユーザー本人から明示的に第三者への開示または提供を求められた場合

F．法令により開示または提供が許容されている場合

G．合併その他の事由による事業の承継に伴い個人情報を提供する場合であって，承継前の利用目的の範囲で取り扱われる場合

個人情報処理の外部委託

当社は，個人情報取扱い業務の一部または全部を外部委託することがあります。なお，委託先における個人情報の取扱いについては当社が責任を負います。

統計処理されたデータの利用

当社は，提供を受けた個人情報をもとに，個人を特定できないよう加工した統計データを作成することがあります。個人を特定できない統計データについては，当社は何ら制限なく利用することができるものとします。

個人情報の変更等

原則としてユーザー本人に限り，「個人情報の利用目的」の通知，登録した個人情報の開示，訂正，追加または削除，利用停止，ならびに第三者への提供の停止（以下「個人情報の変更等」といいます。）を求めることができるものとします。具体的な方法については下記の個人情報管理の問い合わせ先にご連絡ください。ただし，以下の場合は個人情報の変更等に応じないことがあります。

A．ユーザー本人または第三者の生命，身体，財産その他の権利・利益を害するおそれがある場合

B．本サービスの適正な実施に著しい支障を及ぼすおそれがある場合

C．他の法令に違反することとなる場合

なお，当該個人情報の変更等に多額の費用を要する場合，その他の，個人情報の変更等を行うことが困難な場合であって，ユーザーの権利・利益を保護するため必要なこれに代わるべき措置をとるときは，個人情報の変更等に応じないことがあります。

また，個人情報の取得に使用したハガキ等の書面原本は，一定期間保管した後廃棄処分しておりますので，書面原本そのものに対するご依頼は対象外とさせていただきます。

機微な個人情報の取得制限

当社は，次に示す内容を含む個人情報の取得は原則として行いません。ただし，ユーザーが自ら提供した場合は，この限りではありません。

A．思想，信条及び宗教に関する事項

B．人種，民族，門地，本籍地（所在都道府県に関する情報を除く），身体・精神障害，犯罪歴，その他社会的差別の原因となる事項

C．勤労者の団結権，団体交渉及びその他団体行動の行為に関する事項

D．集団示威行為への参加，請願権の行使，及びその他政治的権利の行使に関する事項

E．保健医療及び性生活

本人確認について

当社は，各Webサービスへの会員登録や会員が本サービスを利用する場合，個人情報の開示，訂正，削除もしくは利用停止の求めに応じる場合など，個人を識別できる情報（氏名，住所，電話番号，生年月日，メールアドレス，会員番号，パスワードなど）により，本人であることを確認します。ただし，本人以外が個人を識別できる情報を入手し使用した場合，当社は責任を負いません。

個人情報管理責任者

株式会社○○○○　広報ブランド推進室　室長
個人情報に関するお問い合わせはこちら

プライバシーポリシーの変更

当社は法令等の定めがある場合を除き，プライバシーポリシーを随時変更することができるものとします。

※当社は「プライバシーマーク」使用許諾事業者として認定されています。

次に掲げたプライバシーポリシーは，最初にグループ会社を列記し，グループとしての情報管理内部統制のための基本方針であることを明記している。

〔グループのプライバシーポリシーを規定する例〕

プライバシーポリシー

××株式会社，○○株式会社，△△株式会社，×××株式会社，○○○株式会社，△△△株式会社，×××××株式会社，△△△△株式会社，○○○○株式会社，◇◇株式会社及び×××××××××××株式会社（以下総称して「当社」といいます。）は，個人情報及び特定個人情報（個人番号及び個人番号をその内容に含む個人情報をいいます。）（以下総称して「個人情報等」といいます。）の取扱いに関して以下のプライバシーポリシーを各々策定し，これを遵守するとともに，お客様の個人情報等をはじめとする全ての個人情報等をより安全かつ適切に取り扱うことを宣言いたします。

本プライバシーポリシーは，当社が取得し，利用する全ての個人情報等をその対象として，当社の個人情報等に関する基本的指針を定めるものです。

1　法令等の遵守

当社は，個人情報等を取り扱うにあたっては，「個人情報の保護に関する法律」（以下「個人情報保護法」といいます。），「行政手続における特定の個人を識別するための番号の利用等に関する法律」及びその他の関係法令，ガイドライン及び本プライバシーポリシーを遵守いたします。なお，本プライバシーポリシーにおける用語の定義は，他に特段の定めのない限り個人情報保護法その他の関係法令の定めに従うものとします。

2　個人情報等の取得

当社は，適正かつ公正な手段により個人情報等を取得するものとし，法令により例外として扱うことが認められている場合を除き，ご本人に対して，利用目的を予め明示もしくは公表し，または取得後速やかに通知もしくは公表いたします。予め公表する個人情報の利用目的については公表事項をご覧ください。

当社が取得する個人情報等の範囲は，当該利用目的を達成するために必要な限度を超えないものとします。

当社は，要配慮個人情報を取得する場合は，法令により例外として扱うことが認められている場合を除き，予めご本人の同意を得るものとします。

3　個人情報等の利用

当社は，法令により例外として扱うことが認められている場合を除き，前項に定める利用目的の達成に必要な範囲内で，個人情報等を利用いたします。

4　個人情報等の提供

当社は，法令により例外として扱うことが認められている場合を除き，個人情報をご本人の同意なく，業務委託先，共同利用会社，事業承継先以外の第三者に開示・提供することはせず，法令で認められた事務を除き，特定個人情報を委託先以外の第三者に開示･提供することはいたしません。

当社が行う個人情報の共同利用については，公表事項をご覧ください。

当社は，個人情報を外国にある第三者に提供する場合，法令により例外として扱うことが認められている場合を除き，あらかじめご本人の同意を得るものとします。

5　個人情報等の管理・保護

当社は，個人情報等について，漏えい，滅失又はき損の防止等，その管理のために必要かつ適切な安全管理措置を講じます。また，個人情報等を取り扱う従業者や委託先に対して，必要かつ適切な監督を行います。個人情報等の安全管理措置に関しては，別途社内規定において具体的に定めています。

当社は，個人情報等の利用目的が達成された場合で，かつ所管法令において定められている保存期間を経過した場合は，速やかに個人情報等を廃棄・消去いたします。なお，△△株式会社以外の当社のキャンペーン・懸賞等にご応募いただいたお客様の個人情報につきましては，特段の明示がない限り，以下の期間内で廃棄・消去いたします。ただし××IDにご登録いただいているお客様の個人情報は除きます。

- ご応募者の個人情報：応募時から６ヵ月以内
- ご当選者の個人情報：応募時から２年以内の必要な期間

6　保有個人データ及び特定個人情報ファイルの開示・訂正等

当社は，保有個人データ及び特定個人情報ファイルにつきご本人または代理人からの開示，訂正等（訂正，追加，削除，利用停止，消去または第三者への提供の停止をいいます。）を求められた場合には，法令の規定に従い対応させていただきます。

具体的な手続きにつきましては，公表事項をご覧下さい。

7　個人を識別することができない形での利用

当社は，個人情報の安全管理，製品・サービスの品質向上等の目的のため，個人情報を，統計情報その他の個人を識別することができない情報にして利用させていただくことがあります。なお，匿名加工情報の取り扱いについては公表事項をご覧ください。

8　見直し

個人情報等の取扱いにつきましては，上記各項目の内容を適宜見直し，改善してまいります。

9　お問い合わせ

本プライバシーポリシーに関するお問い合わせにつきましては，お問い合わせフォームで受け付けております。

以下の例は，クッキーやWebビーコンを対象に含むようにしたうえで，「匿名加工情報」や「外国にある第三者への提供」などグローバルな視点に立って記載をしている。

〔匿名加工情報や外国にある第三者への提供の規定を含む例〕

プライバシーポリシー

○○株式会社（以下，「当社」といいます。）は，個人情報の重要性を認識し，その保護の徹底をはかるため，個人情報の保護に関する法律，行政手続における特定の個人を識別するための番号の利用等に関する法律，個人情報保護に関する法律についてのガイドライン（通則編，匿名加工情報編，第三者提供時の確認・記録義務編，外国にある第三者への提供編），その他当社業務に関連する法令およびガイドライン等を遵守するとともに，個人情報を，以下により取り扱うこととします。

1　個人情報の取得

当社は，適法かつ公正な手段により取得した次の①～⑥の情報を取り扱います。また，情報の内容によっては個人情報に該当しない場合もありますが，当社は，お客さまの情報の取り扱いに十分配慮するものとします。

① 当社がサービスを提供するために，お客さまから申込書等の書面，Web等の画面，口頭等の方法で取得した情報。なお，お客さまとの電話応対時においては，お問い合わせ内容の確認とサービス向上のために通話を録音させていただく場合があります。

② お客さまが当社サービス等をご利用いただくことに伴い当社が取得した情報（クッキー（cookie），ウェブビーコン（web beacon），広告用識別子などの技術を使用して取得したアクセス情報など，当社のシステム等で自動的に取得される情報を含みます。）

なお，クッキー，ウェブビーコン，広告用識別子などの技術を使用して取得したアクセス情報と当社保有の個人情報を組み合わせて利用する場合があります。

③ 住民票等，公的機関に照会して入手した情報

④ 電話番号帳，官報等の公表されている各種情報源から取得した情報

⑤ 信用情報機関等から取得した情報

⑥ その他，お客さまの紹介等，第三者から適法に入手した情報

また，当社は，アプリケーションソフトウェア（以下「アプリケーション」といいます。）を提供する場合において，当該アプリケーションにおける個人情報の取得等について，アプリケーションごとに明確かつ適切に定めた規定（以下「アプリケーション・プライバシーポリシー」といいます。）を公表します。

アプリケーション・プライバシーポリシーあるいは個別のサービス利用規約等と，本プライバシーポリシーとで差異がある場合は，アプリケーション・プライバシーポリシーあるいはサービス利用規約等が優先します。

当社は，要配慮個人情報として法令で定められている情報を取得する場合には，お客さまの同意の上取得します。

当社は行政手続における特定の個人を識別するための番号の利用等に関する法律に基づく個人番号（マイナンバー）および特定個人情報については，本法律に定められた利用目的の範囲内でのみ，収集･利用いたします。

2 個人情報の利用

⑴ 利用の範囲

当社が保有する個人データは，次の各号に該当する場合を除き，それぞれのサービスおよび業務の利用目的の達成に必要な範囲で利用するほか，相互に利用することがあります。また，当社の関係会社および提携先のサービス等の案内についても利用することがあります。

- お客さまの同意がある場合
- 法令に基づく場合
- 人の生命，身体または財産の保護のために必要がある場合であって，お客さま本人の同意を得ることが困難であるとき

- 公衆衛生の向上または児童の健全な育成の推進のために特に必要がある場合であって，お客さま本人の同意を得ることが困難であるとき
- 国の機関もしくは地方公共団体またはその委託を受けた者が法令に定める事務をすることに対して協力する必要がある場合であって，お客さま本人の同意を得ることにより当該事務の遂行に支障を及ぼすおそれがあるとき

(2) 利用目的の変更

当社は，変更前の利用目的と関連性を有すると合理的に認められる場合は，利用目的を変更することがあります。

なお，利用目的を変更した場合は，変更された利用目的について本人に通知あるいは当社ホームページ等にて公表いたします。

(3) 個人データの消去

当社は，利用目的が達成された場合や，利用目的が達成されなかったものの利用目的の前提となる事業自体が中止となった場合等は，当該個人データを遅滞なく消去いたします。

なお，当社はお客様との各種契約が終了した後においても，利用目的の範囲内で個人情報を利用することがあります。

3 匿名加工情報の取扱い

- 当社は，匿名加工情報を作成するときは，特定の個人を識別することおよびその作成に用いる個人情報を復元することができないようにするために必要な措置を取ります。
- また，匿名加工情報を自ら利用するときは，元の個人情報に係る本人を識別（再識別）する目的で他の情報と照合することを行いません。
- 当社は，匿名加工情報を作成したときは，法令の定めるところにより当該匿名加工情報に含まれる個人に関する項目を公表します。
- 当社は，当社が作成した匿名加工情報を第三者に提供するときは，法令の定めるところにより，第三者に提供される匿名加工情報に含まれる個人に関する情報の項目及びその提供の方法について公表するとともに，

当該第三者に対して，提供に係る情報が匿名加工情報である旨を明示します。

4　外国にある第三者への提供

当社は，外国にある第三者へ個人データの提供を行う場合は，法令の定めに従い，同意の取得等必要な措置を取ります。

5　個人情報の管理

当社は，個人情報へのアクセスの管理，個人情報の持出し手段の制限，外部からの不正なアクセスの防止のための措置その他の個人情報の漏えい，滅失またはき損の防止その他の個人情報の安全管理のために必要かつ適切な措置（以下「安全管理措置」といいます。）を講じます。

当社は，安全管理措置を講ずるにあたっては，関係する法令，ガイドラインおよび情報セキュリティシステムの枠組みを活用し，以下のとおり技術的保護措置および組織的保護措置を適切に実施します。

(1)　技術的保護措置

- 個人情報へのアクセスの管理（アクセス権限者の限定（異動・退職した社員のアカウントを直ちに無効にする等の措置を含みます。），アクセス状況の監視体制（アクセスログの長期保存等），パスワードの定期的変更，入退室管理等）を実施します。
- 個人情報の持出し手段の制限（みだりに外部記録媒体へ記録することの禁止，社内と社外との間の電子メールの監視を社内規則等に規定した上で行うこと等）を実施します。
- 外部からの不正アクセスの防止のための措置（ファイアウォールの設置等）を実施します。

(2)　組織的保護措置

ア）従業者（派遣社員を含みます。）の監督

- 個人情報管理の責任者として，「情報セキュリティ責任者」を任命するとともに，個人情報の安全管理に関する従業者の責任と権限を明確に規

定します。

- 安全管理に関する内部規程・マニュアルを定め，それらを従業者に遵守させるとともに，その遵守の状況についての適切な監査を実施します。
- 従業者に対して個人情報の安全管理に関する教育研修を実施します。

イ）業務委託先の監督

当社は，個人情報の取り扱い業務の全部または一部を委託する場合があります。この場合，当社は，個人情報を適正に取り扱うと認められるものを選定し，委託契約において，安全管理措置，秘密保持，再委託の条件，委託契約終了時の個人情報の返却等その他の個人情報の取り扱いに関する事項について適正に定め，必要かつ適切な監督を実施します。

6　ダイレクトメール等によるご案内の停止

お客さまがダイレクトメール等（Eメールや SMSによるご案内を含みます。）による宣伝物の送付等を希望されない場合は，当社に対しその中止を申し出ることができます。ただし，当社が提供する各種サービス等に関する申込みあるいはご注文等の確認にかかるメール，お客さまの利用しているサービスに関する重要なお知らせメール等，当社の業務運営上必要な案内等の送付を除きます。中止のお申し出は，下記までご連絡ください。

「○○お客さまセンター」

［電話番号］（無料）

受付時間：9：00～20：00（土・日・祝日も受付）

※上記番号がご利用になれない場合：［電話番号］

7　個人データの開示請求

当社は，お客さま本人またはその代理人から，当該個人データの開示請求があったときは，次の各号の場合を除き，遅滞なく回答します。

- お客さま本人または第三者の生命，身体，財産その他の権利利益を害するおそれがある場合
- 当社の業務の適正な実施に著しい支障を及ぼすおそれがある場合

●法令に違反することとなる場合

個人データの開示請求に関するお問合せは下記までご連絡ください。

「○○個人データ開示等相談窓口」

〒□□□-□□□□

［住所］

［電話番号］（9：00～17：00　ただし土曜・日曜・祝日・年末年始を除く）

個人データの開示請求の手続きについては，（別掲〔省略〕）をご参照ください。

8　個人データに関するその他の受付について

(1)　個人データの訂正等（訂正，追加もしくは削除または利用の停止もしくは第三者への提供停止）

当社は，お客さま本人またはその代理人から当該個人データの訂正等の求めがあった場合には，遅滞なく調査を行います。その結果，当該個人データに関し，内容が事実でない，保存期間を経過している，その他取り扱いが適正でないと認められるときは，遅滞なく訂正等を行います。

個人データの訂正等のお申し出は，7の「○○ 個人データ開示等相談窓口」までお願いいたします。

(2)　利用目的の通知

当社は，お客さま本人またはその代理人から利用目的の通知の求めがあったときは，次の各号の場合を除き，遅滞なく通知いたします。

●当該本人が識別される個人情報の利用目的が明らかな場合

●本人または第三者の生命，身体，財産その他の権利利益を害するおそれがある場合

●当社の権利または正当な利益を害するおそれがある場合

●国の機関または地方公共団体が法令の定める事務を遂行することに対して協力する必要がある場合であって，当該事務の遂行に支障を及ぼすおそれがあるとき

利用目的の通知のお申し出は，７の「○○ 個人データ開示等相談窓口」までお願いいたします。

⑶ 個人データの取り扱いに関する苦情

当社は，個人データの利用，提供，開示または訂正等に関する苦情その他の個人データの取り扱いに関する苦情を適切かつ迅速に処理いたします。

苦情のお申し出は，７の「○○ 個人データ開示等相談窓口」までお願いいたします。

なお，いずれの場合も，直接のご来社による申し出は受けかねますので，ご了承ください。

3 利用目的通知書，同意書

「本人の同意」を得るための「書式」を数例載せる。「同意」書面は，個人情報の利用目的の本人への通知を前提とする場合があり，その場合は，利用目的通知文書と同意書を一体化することもできる。

以下の書式は，大学が学生の個人情報を取り扱う際に，学生から差し入れてもらうものであり，利用目的通知書と同意書が一体となっている。

個人情報の取扱いに関する同意書

○○○○大学（以下「本学」といいます。）は，在校生から収集した個人情報を下記のとおり取り扱います。

記

1　利用目的

本学は，学生の個人情報は，以下の目的のために利用します。

①　学籍管理，履修管理，成績管理等，学生の学習支援を行うため

②　学生生活相談，課外活動支援，奨学金管理，保健衛生管理等，学生の学生生活支援を行うため

③　進路指導，就職活動支援，進路就職情報管理等，学生の進路就職支援を行うため

……

2　目的外の利用等

本学は，同意を得て収集した学生の個人情報を，学事ならびに法人運営に関る業務の目的以外に利用・複写・複製しません。

3　個人情報の処理

学生の個人情報は，法令および本学の個人情報保護規程に従い，漏えい・滅失・毀損等がないよう安全に管理します。

4　個人情報の提供を伴う業務委託

本学は，1に掲げる利用目的に係る学生の個人情報の取扱いの全部または一部について，第三者に委託する場合があります。業務委託に当たっては，個人情報の取扱いにつき，十分なセキュリティ水準にあることを確認のうえ委託先を選定し，契約等において個人情報の取扱いに関する特記事項を定め，適切に行います。

私は，○○○○大学が上記を遵守することを前提に，私に関する個人情報を取り扱うことに同意します。

年　　月　　日

本人署名＿＿＿＿＿＿＿＿＿＿＿＿＿＿＿＿＿＿＿＿＿＿＿＿（印）

〈本人が未成年者の場合〉
法定代理人署名＿＿＿＿＿＿＿＿＿＿＿＿＿＿＿＿＿＿＿＿（印）
続柄＿＿＿＿

以下の書式は，企業の採用活動において，企業が応募者の個人情報を取り扱う際に，応募者から差し入れてもらうものであり，利用目的通知書と同意書が一体となっている。

個人情報利用目的通知書

株式会社○○○○（以下「当社」といいます。）は，求人に対する応募者の皆様（以下「応募者」といいます。）から収集した個人情報を利用するにあたっての個人情報の利用目的等について，下記のとおり通知いたします。

記

1　利用目的

当社は，個人情報を以下の目的の範囲内で使用し，それ以外の目的で使用することはありません。

①　募集活動における各種情報のご提供およびご連絡

②　採用選考対象者の選別

③　採用選考（書類選考・面接・筆記試験，配属先の選考）

④　採用応募者へのご連絡・お問合せ

⑤　採用・内定関係書類のご送付

⑥　採用に関するアンケート

2　個人情報の管理

当社は，個人情報保護に関する法令，諸規則に基づき個人情報を管理します。個人情報への不正アクセスまたは紛失，破壊，改ざん，漏えいなどのリスクに対して，技術的に必要な安全対策を継続的に講ずるよう努めています。また，個人情報取扱いに関する従業員の教育を継続的に実施し，厳重な情報管理・運営に努めています。

3　第三者提供

当社は，応募者の個人情報を，個人情報保護法その他関係法令に定める例外を除いて，ご本人の同意なしに第三者に提供することはありません。

4　個人情報の取扱いの委託

当社は，筆記試験における一部の採点業務を，当社が個人情報保護管理体制について一定の水準に達していると認める委託先に委託します。

5　開示対象個人情報に関する権利

当社が取得した開示対象個人情報の利用目的の通知，開示，内容の訂正・追加・削除，利用の停止，消去および第三者への提供の停止を希望される場合は，８に記載するお問合せ窓口までご連絡ください。請求者がご本人であることを確認させていただいた上で速やかに対応します。

6　個人情報提出の任意性

採用選考に際し，個人情報のご提供は任意ですが，ご提供いただけなかった個人情報に関して考慮できない可能性があります。

7　採用選考後の個人情報の取扱い

ご提出いただいた書類一式は，採用選考後は返却せず，当社にて再利用不可能な状態で廃棄します。ただし，採用選考に合格した方の個人情報については，当社従業員の個人情報として取扱い，保管されます。

8　お問合せ窓口

個人情報の利用目的の通知・開示・訂正・利用停止等のご請求，その他ご不明な点につきましては，以下のお問合せ窓口までご連絡ください。

株式会社○○○○　個人情報管理責任者　　甲野　太郎

電話：03-XXXX-XXXX　　メール：xxxx@privacy.co.jp

株式会社○○○○　御中

同　意　書

私は，上記内容に同意の上，必要な個人情報を提供いたします。

年　　月　　日

住所：＿＿＿＿＿＿＿＿＿＿＿＿＿＿＿＿

氏名：＿＿＿＿＿＿＿＿＿＿＿＿＿＿（印）

以下の例は，金融機関にカードローンの申込みをするための「書式」であるが，詳細な規約的内容で，利用目的通知と同意取得が一体化して収められている。

個人情報の取り扱いに関する同意書

第１条（個人情報の利用目的）

私は，○○銀行のカードローン（以下「本カードローン」といいます。）の申込み（本カードローンの保証委託契約の申込みを含みます。以下「本申込み」といいます。）にあたり，個人情報の保護に関する法律（平成15年５月30日法律第57号）に基づき，本申込みおよび本申込みによる契約（以下「本契約」といいます。）にかかる情報を含む私の個人情報を，株式会社○○銀行（以下「銀行」といいます。）および△△株式会社（以下「保証会社」といいます。）が以下の業務ならびに利用目的の達成に必要な範囲で利用することに同意します。

(1)　銀行における個人情報の利用目的

業務内容	①　預金業務，為替業務，両替業務，融資業務，外国為替業務およびこれらに付随する業務 ②　公共債・投信販売業務，保険販売業務，金融商品仲介業務，信託代理店業務，社債業務，クレジットカード業務等，法律により銀行が営むことができる業務およびこれらに付随する業務 ③　その他銀行が営むことができる業務およびこれらに付随する業務（今後取り扱いが認められる業務を含む）
利用目的	銀行および銀行の関連会社や提携会社の金融商品やサービスに関し，以下の利用目的で利用します。 ①　各種金融商品の口座開設等，金融商品やサービスの申し込みの受付のため ②　法令等に基づくご本人さまの確認等や，金融商品やサービスをご利用いただく資格等の確認のため ③　預金取引や融資取引等における期日管理等，継続的なお取引における管理のため ④　融資のお申し込みや継続的なご利用等に際しての判断のため

	⑤　適合性の原則等に照らした判断等，金融商品やサービスの提供にかかる妥当性の判断のため ⑥　与信事業に際して個人情報を加盟する個人信用情報機関に提供する場合等，適切な業務の遂行に必要な範囲で第三者に提供するため ⑦　他の事業者等から個人情報の処理の全部または一部について委託された場合等において，委託された当該業務を適切に遂行するため ⑧　私との契約や法律等に基づく権利の行使や義務の履行のため ⑨　市場調査，ならびにデータ分析やアンケートの実施等による金融商品やサービスの研究や開発のため ⑩　ダイレクトメールの発送・電話によるご案内等，金融商品やサービスに関する各種ご提案のため ⑪　提携会社等の商品やサービスの各種ご提案のため ⑫　各種お取引の解約その他終了後の事後管理，または金融商品やサービスに関する業務の改善を図るための判断資料とするため ⑬　その他，私との取引を適切かつ円滑に履行するため 　なお，銀行は特定の個人情報の利用目的が，法令等に基づき限定されている場合には，当該利用目的以外で利用しません。

(2)　保証会社における個人情報の利用目的

①　与信判断のため

②　与信ならびに与信後の権利の保存，管理，変更および権利行使のため

③　与信後の権利に関する債権譲渡等の処分および担保差入れその他の取引のため

④　保証会社と申込者との取引および交渉経過その他の事実に関する記録保存のため

⑤　与信にかかわる商品およびサービスのご案内のため

⑥　保証会社内部における市場調査および分析ならびに金融商品およびサービスの研究および開発のため

(3)　銀行および保証会社は，本人確認資料として提出された運転免許証等に記載の記号番号等を本人確認のため収集・利用することがあります。

第２条（個人情報の銀行と保証会社との相互提供）

１　私は，本申込みおよび本契約にかかる情報を含む私に関する次項および第３項の情報を，次項および第３項に記載する目的の達成に必要な範囲で，銀行と保証会社が相互に提供し，利用することに同意します。

２　銀行より保証会社へ提供される情報

①　氏名，住所，連絡先，家族に関する情報，勤務先に関する情報，資産・負債に関する情報，借入要領に関する情報等，申込書ならびに付属書類等本申し込みにあたり提出する書類，入力データや画面に掲載の全ての情報ならびに口頭で告知する情報

②　銀行における預金残高情報，他の借入金の残高情報・返済状況等，保証会社における取引管理または取引上の権利の保全に必要な全ての情報

③　銀行における借入残高，借入期間，金利，弁済額，弁済日等本契約に関する情報

④　延滞情報，破産等の情報を含む本契約に基づく債務の弁済に関する情報

⑤　借入残高，借入期間，金利，弁済額，弁済日等，銀行が保証会社に対して代位弁済を請求するにあたり必要な情報

〈提供された情報の保証会社における利用目的〉

①　申込みの受付，資格確認，保証の審査，保証の決定のため

②　保証取引の継続的な管理のため

③　法令等や契約上の権利の保全，行使や義務の履行のため

④　保証会社内部における市場調査等研究開発，保証基準の見直しのため

⑤　取引上必要な各種郵便物の送付のため

⑥　その他私との取引の適切かつ円滑な履行のため

３　保証会社より銀行へ提供される情報

①　氏名，保証会社での保証審査の結果に関する情報

②　保証番号や保証料金額等，保証会社における取引に関する情報

③　保証会社における保証残高情報，他の保証取引に関する情報等，銀行における取引管理または取引上の権利保全に必要な情報

④　銀行の代位弁済請求に対する代位弁済完了に関する情報等，代位弁済手続に必要な情報

⑤　保証会社において代位弁済を完了した後の求償債権の回収状況や担保目的物の処分等に関わる情報

〈提供された情報の銀行における利用目的〉

前条(1)に記載の利用目的

第３条（債権譲渡）

本契約によるローン等の債権は，債権譲渡・証券化といった形式で，他の事業者等に移転することがあります。私は，その際，私の個人情報が当該債権譲渡または証券化のために必要な範囲内で，債権譲渡先または証券化のために設立された特定目的会社等に提供され，債権管理・回収等の目的のために利用されることに同意します。

第４条（個人信用情報機関の利用・登録等）

1　私は，銀行および保証会社が加盟する個人信用情報機関および同機関と提携する個人信用情報機関に，私の個人情報（当該各機関の加盟会員によって登録される契約内容，返済状況等の情報のほか，当該各機関によって登録される不渡情報，破産等の官報情報等を含みます。）が登録されている場合には，銀行および保証会社がそれを与信取引上の判断（銀行は銀行法施行規則第13条の６の６等に基づく，返済能力または転居先の調査をいう。保証会社は貸金業法等により，返済能力の調査の目的に限ります。以下同じ。）のために利用することに同意します。

2　銀行および保証会社が本申込みに関して加盟する個人信用情報機関を利用した場合，私は，その利用した日および本申込みの内容等が同機関に次項の表の期間登録され，同機関の加盟会員によって自己の与信取引上の判断のために利用されることに同意します。

3　私は，本契約に基づく以下の個人情報（本人を特定する情報（氏名，生年月日，電話番号および運転免許証等の記号番号等。），ならびに申込日および申込み商品種別等の情報。）が，銀行および保証会社が加盟する個人信用情報機関に登録され，同機関および同機関と提携する個人信用情報機関の加盟会員によって，自己の与信取引上の判断のために利用されることに同意します。

登録情報	登録期間（各個人信用情報機関の連絡先等は第5条に記載）		
	○○センター	株式会社 ○○機構	株式会社○○
①氏名，生年月日，性別，住所（本人への郵便不着の有無等を含む），電話番号，勤務先等の本人情報	②～⑧の登録情報のいずれかが登録されている期間		
②個人信用情報機関を利用した日および本契約またはその申し込みの内容等	銀行が信用情報を利用した日から1年を超えない期間	保証会社が，信用情報を利用した日から6ヵ月以内	保証会社が，信用情報を照会した日から6ヵ月間
③借入金額，借入日，最終返済日等の本契約の内容およびその返済状況（代位弁済，強制回収手続，解約，完済，延滞，延滞解消等の事実を含む）等の本契約に関する客観的な取引事実	本契約期間中および本契約終了日（完済していない場合は完済日）から5年を超えない期間	契約継続中および契約終了後5年以内（ただし，債権譲渡の事実に係る情報については当該事実の発生日から1年以内）	契約期間中および契約終了後5年以内
④債務の支払を遅滞等した事実	本契約期間中および本契約終了日（完済していない場合は完済日）から5年を超えない期間	契約継続中および契約終了後5年以内	契約期間中および契約終了後5年間

⑤不渡情報	第１回目不渡は不渡発生日から６ヵ月を超えない期間。取引停止処分は取引停止処分日から５年を超えない期間	−	−
⑥官報情報	破産手続開始決定等を受けた日から10年を超えない期間	−	−
⑦登録情報に関する苦情を受け，調査中である旨	当該調査中の期間	当該登録情報が調査中の期間	当該登録情報が調査中の期間
⑧本人確認資料の紛失・盗難等の本人申告情報	本人から申告のあった日から５年を超えない期間	登録日から５年以内	登録日から５年以内

4　私は，前項の個人情報が，その正確性・最新性維持，苦情処理，個人信用情報機関による加盟会員に対する規則遵守状況のモニタリング等の個人情報の保護と適正な利用の確保のために必要な範囲内において，個人信用情報機関およびその加盟会員によって相互に提供または利用されることに同意します。

第５条（銀行および保証会社が加盟する個人信用情報機関と同機関と提携する個人信用情報機関の名称等）

銀行および保証会社が加盟する個人信用情報機関（○で表記）と同機関と提携する個人信用情報機関（△で表記）の名称等は下表の通りです。各機関の加盟資格，会員名等は各機関のホームページに掲載されております。

なお，個人信用情報機関に登録されている情報の開示は，各機関で行います（銀行および保証会社ではできません。）。

個人信用情報機関名	ホームページアドレス・電話番号	銀行	保証会社
全国銀行○○センター	http://www........ TEL ○○-○○	○	△
株式会社○○（貸金業法および割賦販売法に基づく指定信用情報機関）	http://www........ TEL ○○-○○	△	○
株式会社○○（貸金業法に基づく指定信用情報機関）	http://www........ TEL ○○-○○	△	○

第６条（個人情報の債権回収会社への第三者提供）

私は，銀行が債権管理回収業に関する特別措置法（平成10年10月16日法律第126号）第３条により法務大臣の許可を受けた債権回収会社に本契約にかかる債権の管理・回収を委託する場合には，本申込みおよび本契約にかかる情報を含む申込人等に関する下記情報を，同社における下記目的のために，銀行より同社に提供されることに同意します。なお，銀行が委託する債権回収会社名は，窓口に問い合わせるか，銀行のホームページ（https://www.○○○×××）で確認します。

〈提供される情報〉

① 氏名，住所，生年月日，連絡先，家族に関する情報，勤務先に関する情報，資産・負債に関する情報，申込内容に関する情報等，申込書ならびに契約書に記載される全ての情報

② 本申込みならびに本契約にあたり提出される付属書類等に記載の情報，入力データや画面に掲載の情報ならびに口頭にて確認する情報

③ 銀行における借入残高，借入期間，金利，返済額，返済日等本契約に関する情報

④ 銀行における預金残高情報，他の借入金の残高情報・返済状況等，申込人等の銀行における取引情報

⑤ 延滞情報，破産情報等を含む本契約の返済に関する情報

⑥ 借入残高，借入期間，金利，返済額，返済日等銀行が保証会社に対して代位弁済を請求するにあたり必要な情報

〈提供される目的〉

債権回収会社における銀行債権の管理・回収のため

第７条（個人情報の利用・提供の停止）

銀行および保証会社は，第１条⑴銀行における個人情報の利用目的⑩⑪，⑵保証会社における個人情報の利用目的⑤に基づくダイレクトメールの発送・電話によるご案内等については，私から個人情報の利用・提供の停止の申出があったときは，遅滞なくそれ以降の当該目的での利用・提供を停止する措置をとります。

第８条（本同意事項に不同意の場合）

銀行および保証会社は，申込者等が本申込みおよび本契約に必要な記載事項（契約書表面で契約者が記載すべき事項）の記載を希望しない場合および本同意条項の内容の全部または一部を承認できない場合，本申込みおよび本契約をお断りすることがあります。ただし，第１条⑴銀行における個人情報の利用目的⑨⑩⑪に同意しない場合でも，これを理由に銀行および保証会社が本申込みおよび本契約をお断りすることはありません。

第９条（開示・訂正等）

個人情報の保護に関する法律（平成15年５月30日法律第57号）第25条から第27条に規定する開示，訂正，利用・提供の停止の手続については，銀行および保証会社はホームページに掲載します。なお，本条項第４条に規定する個人信用情報機関に登録されている情報の開示は，各機関で行います。

第10条（本同意条項の変更）

本同意条項は法令が定める手続により，必要な範囲内で変更できるものとします。

以下の書式は，利用目的や第三者提供などについて詳細かつ具体的に規定されている。一方，かなり詳細に記載されているため，本人は，中身をよく読まなければ内容を理解することができないであろう。

個人情報取扱同意書

○○○○株式会社（以下「当社」といいます。）は，当社の雑誌定期購読サービス（以下「当サービス」といいます。）提供のために，お客様の個人情報をお預かりすることになりますが，そのお預かりした個人情報の取扱いについて，以下のように定め個人情報の保護に努めております。

1　利用目的

当社は以下の目的のため，お客様の同意に基づき，2に記載する個人情報を利用します。個人情報保護法，またはその他の法令により認められる場合を除き，お客様の同意がない限り，この範囲を超えてお客様の個人情報を利用することはありません。

(1)　当サービス提供
(2)　商品の配送
(3)　当サービスに関するメールマガジンの配信
(4)　当サービスに関するアンケート調査の実施
(5)　お問合せの対応

2　お預かりするお客様に関する情報

当社は，当サービスの提供にあたり，以下の情報を利用します。

【お客様により自主的にご提供いただく個人情報】
(1)　氏名
(2)　メールアドレス
(3)　住所
(4)　電話番号

【当サイトへアクセスした時点で自動的に収集される情報】（※１）

(5) クッキー

(6) IPアドレス

※１　当社は訪問者が当サイトにアクセスした時点で，Cookieやウェブビーコンを使用した情報の取得，IPアドレスのアクセスログを取得しています。

クッキーについて：クッキーとは，サーバから利用者に送信して，ユーザの端末上にファイルとして保存される利用記録などの情報です（クッキーに直接個人情報が保存されることはありません。）。

IPアドレスについて：IPアドレスとは，サーバにアクセスしているコンピューターを特定できる番号です（コンピューターの使用者を特定することはできません。）。

当社は，クッキーおよびIPアドレス情報について，これら単独では特定の個人を識別することができないため，個人情報とは考えておりません。ただし，これらと個人情報が一体となって使用される場合には，個人情報とみなします。クッキーについては，お客様ご自身によるブラウザの設定で拒否することが可能ですが，クッキーを無効化することにより，当サイトが正しく作動しない場合があります。

３　個人情報の取得にあたって

当社は日本国の諸法令を遵守します。また，当社はプライバシーマークを取得しており，個人情報保護マネジメントシステム（JIS Q 15001）に準拠しています。

４　個人情報の開示等

お客様が当社に個人情報を提供した場合，お客様は，個人情報の内容について，利用目的の通知，開示，訂正・追加・削除，利用・提供の拒否を請求することができます。当社に対し，これらの請求をされる場合は，12に記載のお問合せ窓口までご連絡ください。

なお，開示請求の際，提供者本人以外への個人情報の漏えいや，提供者本人以外による個人情報の書換え等を防止するため，請求者が提供者本人であることの確認をさせていただきます。

5　個人情報の削除

当社は当サイトの最終ご利用日から３年間ご利用が無かった場合，データの最小化，正確性を保つ目的のため，アカウントを抹消し，お預かりしている個人情報も全て削除します。また，お問い合わせや注文に関するメールは，受配信日から２年間経過で削除いたします。

6　保管サーバーについて

当サイトに登録された個人情報は，日本に設置されているサーバーに保管されます。当社はファイアウォール，アンチウイルス等，情報漏えい，滅失，毀損の防止に努めており，当サイト自体もSSLによる暗号化措置を講じておりますが，これによりデータの完全性を示すものではありません。

7　個人情報の取扱業務の委託

当社はお客様により良いサービスを提供するために業務の一部を外部に委託しており，業務委託先に対してお客様の個人情報を預けることがあります。この場合，個人情報を適切に取り扱っていると認められる委託先を選定し，契約等において個人情報の適正管理・機密保持などによりお客様の個人情報の漏洩防止に必要な事項を取決め，適切な管理を実施させます。

8　第三者への提供

当社は，法律で定められている場合および７の場合を除いて，お客様の個人情報を当該本人の同意を得ず第三者に提供することはありません。

9　個人情報提出の任意性

お客様が当社に対して個人情報を提出することは任意です。ただし，個人情報を提出されない場合には，当社からの返信や当サービスを実施できません。

10　当社従業員の教育

当社は，個人情報の漏えい，滅失またはき損の防止その他の個人情報の安全管理が図られるよう，個人情報保護規程を定め，従業員に対する必要かつ適切な監督を行います。なお，すべての当社従業員には，機密保持契約の締結と，機密保持およびプライバシーに関するトレーニングが義務付けられており，お客様の個人情報保護に取り組んでいます。

11　本同意書の更新

当社は，最新の個人情報保護規定を反映させるため，本同意書を随時変更する場合があります。変更された場合には，お客様へメールにて通知します。

12　お問合せ窓口

当社に対して，4に定める利用目的の通知，開示，訂正・追加・削除，利用・提供の拒否を請求される場合は，以下のお問合せ窓口までお願いいたします。

○○○○株式会社
雑誌定期購読サービス係
privacy@○○○○.jp
TEL：03-XXXX-XXXX
データ保護責任者（Data Protection Officer）
甲野 太郎（Taro Kohno）

索　引

欧文

あ行

か行

さ行

た行

な行

は行

ま行

や〜わ行

〈編著者略歴〉

長谷川　俊明（はせがわ　としあき）

1973年早稲田大学法学部卒業。1977年弁護士登録。1978年米国ワシントン大学法学修士課程修了（比較法学）。元国土交通省航空局総合評価委員会委員，元司法試験考査委員（商法）。現在，企業法務とともに国際金融取引や国際訴訟を扱う傍ら，上場・大会社の社外取締役を務める。長谷川俊明法律事務所代表。

主な著書：『訴訟社会アメリカ』『競争社会アメリカ』『日米法務摩擦』（以上，中央公論新社），『日米パテントウォー』（弘文堂），『海外進出の法律実務』『国際ビジネス判例の見方と活用』『海外子会社のリスク管理と監査実務（第２版）』『アクティビスト対応の株主総会準備』『新しい取締役会の運営と経営判断原則（第２版）』『海外子会社のリスク管理と監査実務』『業務委託契約の基本と書式』『ライセンス契約の基本と書式』『データ取引契約の基本と書式』（以上，中央経済社），『株主代表訴訟対応マニュアル100カ条』『訴訟社会』（訳書）（以上，保険毎日新聞社），『ビジネス法律英語入門』『リスクマネジメントの法律知識』（以上，日経文庫），『実践　個人情報保護対策Q&A』（経済法令），『個人情報保護法と企業の安全管理態勢』（金融財政事情研究会），『ローダス21最新法律英語辞典』（東京堂出版）ほか。

〈著者略歴〉

前田　智弥（まえだ　ともひろ）

2012年慶應義塾大学総合政策学部卒業。2015年慶應義塾大学法科大学院修了（法務博士）。2019年１月弁護士登録。同年２月長谷川俊明法律事務所入所。2021年７月～慶應義塾大学通信教育部科目担当員（行政法）。

主な著作：「テレワークの導入と法的留意点」（『銀行法務21』859号，共同執筆，経済法令研究会），『社会人なら知っておきたいコンプライアンスの落とし穴』（共同監修，経済法令研究会）ほか。

個人情報保護・管理の基本と書式（第２版）

2019年９月20日　第１版第１刷発行
2021年12月20日　第２版第１刷発行

編著者　長谷川俊明
発行者　山本　継
発行所　㈱中央経済社
発売元　㈱中央経済グループパブリッシング

〒101-0051　東京都千代田区神田神保町1-31-2
電話　03（3293）3371（編集代表）
03（3293）3381（営業代表）
https://www.chuokeizai.co.jp
印刷／東光整版印刷㈱
製本／㈲井上製本所

＊頁の「欠落」や「順序違い」などがありましたらお取り替えいたしますので発売元までご送付ください。（送料小社負担）

ISBN978-4-502-41131-1　C3032